교육자,
하나님을 만나다

교육자, 하나님을 만나다

지은이 | 안서영 이 석 김원주 정은주 손영심 김치원
　　　　장재훈 이상희 김선영 박경하 주진영 이일근
　　　　김대수 박정주 김귀훈 조인희 이용상 오덕성
초판 발행 | 2024. 10. 30
2 쇄 발행 | 2024. 10. 31
등록번호 | 제1988-000080호
등록된 곳 | 서울특별시 용산구 서빙고로 65길 38
발행처 | 사단법인 두란노서원
영업부 | 2078-3333　FAX | 080-749-3705
출판부 | 2078-3331

책값은 뒤표지에 있습니다.
ISBN 978-89-531-4940-3 03230

독자의 의견을 기다립니다.
tpress@duranno.com　www.duranno.com

본문의 등장하는 학생과 선생님의 이름은 가명을 원칙으로 하되 필요한 경우 실명을 밝혔습니다.

ⓒ 이 출판물은 저작권법에 의해 보호를 받는 저작물이므로
　무단 전재와 무단 복제, 무단 사용을 할 수 없습니다.

두란노서원은 바울 사도가 3차 전도여행 때 에베소에서 성령 받은 제자들을 따로 세워 하나님의 말씀으로 양
육하던 장소입니다. 사도행전 19장 8-20절의 정신에 따라 첫째 목회자를 돕는 사역과 평신도를 훈련시키는 사
역, 둘째 세계선교(TIM)와 문서선교(단행본·잡지) 사역, 셋째 예수문화 및 경배와 찬양 사역, 그리고 가정·상담 사역
등을 감당하고 있습니다. 1980년 12월 22일에 창립된 두란노서원은 주님 오실 때까지 이 사역들을 계속할 것
입니다.

크리스천 교육자
18인의 신앙 고백

교육자,
하나님을 만나다

안서영·이　석·김원주·정은주·손영심·김치원
장재훈·이상희·김선영·박경하·주진영·이일근
김대수·박정주·김귀훈·조인희·이용상·오덕성

두란노

차례

교육자,
아이들의 눈망울만 바라보며
달려가는 사람들

　　제가 섬기는 대전에는 약 600개의 유치원, 초등학교,
중학교, 고등학교, 대안학교, 특수학교가 있고 19개의 대학
캠퍼스가 지정학적으로 자리 잡고 있습니다. 그래서 자연스
럽게 새로남교회에는 교육자로서 학생들을 가르치며 학교를
위해 헌신하는 믿음의 가족들이 많이 계십니다. 지난 2022년
《과학자, 하나님을 만나다》, 2023년《공직자, 하나님을 만나
다》를 시리즈로 출간한 이후에 세 번째 후속편《교육자, 하나
님을 만나다》를 기획하여 출간하게 되었습니다.

예로부터 교육은 백년지대계(百年之大計)라 하였습니다. 교육은 국가와 사회 발전의 초석이고 백년 앞을 내다보는 큰 계획이기 때문입니다. 사람을 키우는 데 백 년이 걸리며 그 백 년은 앞으로의 백 년을 결정합니다. 다음 세대는 교육자로 자신의 자리를 묵묵히 지키고 주어진 사명과 책임을 성실히 감당하는 참교육자를 통해 이뤄집니다. 외부의 압력이나 시스템의 한계에 굴하지 않으며 일희일비(一喜一悲)하지 않고 정도를 걷는 교육자가 필요합니다.

　　이 책의 필진은 교육계에서 인정받는 분들로, 자신에게 주어진 교육자로서의 소임을 하나님의 사명으로 여기는 분들입니다. 신앙의 고백대로 정도를 걷고자 몸부림치는 열여덟 분의 글을 읽다 보면 하나의 공통분모를 발견하게 됩니다. 그것은 분명 교육 현장에서 만난 하나님이십니다. 책 안에는 그들이 만난 하나님의 생생한 이야기로 즐비합니다.

　　우리 교회가 새로남기독학교를 하나님의 은혜로 설립한 지 올해로 10년째 되는 해입니다. 지금까지 옆도 뒤도 안 돌아보고 오로지 아이들의 눈망울만 바라보면서 달려왔습니다. 그러면서 깨닫게 된 것은 열정은 분명 좋은 것이지만 교육은 열정만으로는 안 되고 인적 자원, 물적 자원이라고 하는 이른바 정신적 자본과 물적인 자본이 필요하다는 사실입니다. 그런데 이보다 더 궁극적으로 하나님의 시간과 방법으로 인도해 주셨기에 학교를 세워 가는 일이 가능했음을 알았습니다. 또한 하나님의 일꾼을 사용하고 계신다는 확신이 있었기 때문이었습니다. 기독학교뿐만 아니라 일반학교와 대학에서 쓰임 받는 교육자들을 하나님께서는 사용하고 계십니다.

성경 교사 바울이 존재했기에 디모데라는 탁월한 목회자가 만들어졌습니다. 또한 헬렌 켈러(Helen Adams Keller)를 가르쳤던 앤 설리번(Anne Sullivan Macy)의 스승은 로라(Laura)였습니다. 로라에게 받은 교육과 사랑을 돌려주기로 결심한 아이가 헬렌 켈러였습니다. 제2의 디모데와 앤 설리번을 만드는 것이 교육자의 존재 이유라고 할 수 있습니다.

교육은 아침에 씨를 뿌려서 저녁에 거두는 일이 결코 아닙니다. 교육 현장을 내실화하는 것에 힘써야 하고 이를 학생과 학부모 그리고 교육자와 학교가 심사숙고하여 만들어 가야 합니다. 이때 교육자의 역할이 매우 중요합니다. 확고한 교육 철학과 이를 뒷받침하는 삶의 모본을 가슴으로 보일 수 있는 교육자 한 사람의 영향력은 실로 대단합니다. 무엇보다 포스트모더니즘(Postmodernism)의 시대사조와 비진리적인 가치와의 충돌, 동성애를 옹호하고 조장하는 교육, 악법의 제정 시도의 한복판에 있는 우리의 미래 세대를 온전히 세우기 위해 미래 교육자들의 역할이 어느 때보다 중요시되는 현실입니다.

저는 기대합니다. 이 책을 통하여 교육자 지망생, 크리스천 교육자분들이 하나님의 손이 교육 현장을 이끌고 계심을 목도하게 될 것입니다. 교육 현장의 여러 어려움에서 지혜와 담력을 얻게 될 것입니다. 저출생이라는 인구절벽의 위기 가운데 기도하는 교육자 한 사람을 통하여 반전과 역전을 일으키시는 하나님의 소망의 빛을 발견하게 되기를 소망합니다.

이 책이 출판되기까지 앞장서서 수고해 주신 오용준님, 박태호님, 서광남님, 채은영님, 이태규님, 정창호님, 이석님의 노고를 기억합니다. 전체 시리즈의 기획과 책을 출간하기 위해 따뜻한 마음으로 협력하여 귀한 열매로 만들어 주신 두란노서원에 감사드립니다.

교육자로서 고뇌와 기도로 진솔한 원고를 내어주신 집필진 모든 분들께 사랑과 은혜가 풍성하신 하나님의 은총이 늘 동행하기를 기원합니다.

오직 하나님께만 영광을! Soli Deo Gloria!

오정호
새로남교회 담임목사, 새로남기독학교 이사장

1.
교육자 하나님의
커리큘럼

또 비유를 들어 이르시되 천국은 마치 사람이 자기 밭에 갖다 심은 겨자씨 한 알 같으니 이는 모든 씨보다 작은 것이로되 자란 후에는 풀보다 커서 나무가 되매 공중의 새들이 와서 그 가지에 깃들이느니라 _마태복음 13:31-32.

안서영 대전둔곡초등학교병설유치원 원감

부산대학교 대학원 유아교육학과 졸업. 기독교 교육의 꿈을 품고 2000년에 처음 밟은 대전에서 지금까지 유아교사로 살아가고 있다. 하나님께서 친히 교사가 되셔서 나만의 특별한 교육과정을 준비하셨음을 믿고, 그 교육과정에 성실하고 모범적인 학생이 되기를 원하며 오늘도 아이들 가득한 하나님 나라를 꿈꾸고 있다.

아이들이 눈물 나게 좋다

어렸을 때부터 아이들이 참 좋았다. 길에서 어린아이들을 만나면 그냥 지나치는 법이 없었다. 진로를 고민하던 시절 꽤나 진지하게 '하나님께서 내게 주신 것이 무엇일까, 내가 가장 좋아하고 기뻐하는 것은 무엇일까?' 생각하다 점점 좁혀진 결론이 '아이들'이었다. 구체적으로 무슨 일을 할지는 뚜렷하지 않았지만 '아이들'과 관련된 일을 하고 싶었다.

유아교육을 전공하던 대학 시절, 나는 매우 행복했다. 살아 계신 하나님을 인격적으로 만난 시기이기도 했고 아이들에 대해 알아 가는 순간들이 즐거웠다. 태내의 작은 생명이 자라는 모든 과정을 배우며 하나님이 창조하신 '생명'의 신묘막측함에 눈물이 날 정도로 감격스러웠다. 아이들의 언어와 생각을 배우고 아이들의 세상을 알아 가고 아이들과 소통하는 즐거움 또한 매우 컸다. 하나님은 내게서 아이들을 향한 '관심'을 이끌어 내시고 내가 아이들에 관한 '꿈'을 꾸게 하시더니 어느 찬양 집회에서 "전공으로 하나님께 영광을 돌리겠습니다"라는 고백을 드리게 하셨다. 전공 서적마다 끄적여 두었던 "Kingdom Full of Children"(아이들이 가득한 하나님 나라)을 주문처럼 외우면서 꿈을 꾸었다.

성경적 세계관으로 교육하신 하나님

나의 고백을 기억하신 하나님은 나를 직접 훈련하기 시작하셨다. 교회 청년부에서 말씀, 찬양, 기도, 공동체 훈련을 받았을 뿐 아니라 전공 분야에서도 치열한 훈련 과정을 거쳐야 했다. 교육의 새로운 패러다임을 찾기 위해 동양 사상을 연구하는 지도교수님을 통해 노자, 장자, 불교, 주역까지 공부하게 되었다. 교수님의 연구 방향과는 반대 입장이었던 '기독교'인 나에게 교수님은 수업 시간마다 기독교의 주장이 무엇이냐며 변론을 요구하셨다. 그 바람에 타 대학교에서 신학, 기독교 교육학을 청강하면서까지 나는 그리스도인으로서 내 생각을 정리하고 기도하며 수업시간에 임해야 했다.

'기독교 교육'을 주제로 논문을 쓰고 싶다는 마음만 가진 채 말씀드리기를 주저하던 차에 어느 날 교수님이 먼저 제안해 주셔서 "기독교의 생명 사상이 유아교육에 주는 시사점"이란 논문을 쓰게 되었다. "덕분에 공부 많이 했다"고 말씀하시는 교수님께 완성된 논문과 함께 성경책을 드리면서 "연구에 도움이 되셨으면 좋겠습니다"라고 말씀드렸다. 후에 교수님을 몇 번 뵈었지만 기독교를 이분법적으로 보지 않고 기독교의 중심 가치를 이해하고 계셔서 감사했다. 교수님을 통해 성경적 원리에 질문을 던지고 답을 찾아가는 과정을 거치면서 성경적 교육 이론을 공부할 수 있었고 무엇보다 이 과정에서 하나님께서 직접 나의 지도교수님이 되어 주셨음을 고백한다.

이론 공부를 시키셨으니 이제 실습을 시키시겠다는 생각이 들 때쯤, 하와이 열방대학 총장님과 사모님이 강사로 나온 집회에 참여하게 되었다. 그분들의 말씀은 나에게 큰 도전이 되었기에, 나는 바로 하와이에서 열리는 유아교육 세미나를 신청하여 참여하게 되었다. 하와이 열방대학에서 성경적 유아교육과정을 밟으면서 세계 여러 나라의 유아교육 교사들과 생각을 나누고 실습을 해 나갔다. 그러면서 주일학교가 아닌, 일반 학교에서 이루어지는 성경적 교육, 성경적 세계관에 입각한 교육에 대해 깊이 생각하게 되었다. 또한 가장 영향력 있는 교육과정은 바로 'Living Curriculum'(살아 있는 교육과정)인 '나 자신'이라는 사실에 큰 도전을 받았다.

대학원에 다닐 때 모 교회 영유아부에서 설교를 맡게 되었다. 자격이 없는 나로서는 이성적으로 이 제안을 거절해야 했지만 이 일은 이론과 실습에 이어 현장 교사로 부르시는 하나님의 교육과정임이 너무나 분명했기에 순종할 수밖에 없었다. 어린아이들에게 하나님의 말씀을 가르치고 선포하는 일은 또 다른 은혜이고 행복이었다. 성경 말씀이 아이들에게 놀라운 기적이 일어나는 옛날이야기로만 인식되는 것이 아니라 일상 가운데 늘 함께하시는 하나님을 아이들이 느끼고 이해하도록 애를 썼다. 하나님의 사랑을 아이들 한 명 한 명에게 전할 때는 하나님의 마음이 고스란히 느껴져 감격스러웠다.

대학원 졸업을 앞두고 기독교 교육을 공부해야 하나 한동안 고민했다. 교회에서 아이들에게 하나님의 말씀을 가르치는 것도 귀하지만 교회에 나오지 않는 아이들을 하나님의 마음으로 만나는 것 또한 귀한 일이라는 생각이 들어 임용고시를 치르게 되었다.

교육자의 변화는 학생을 변화시킨다

당시 부산에 살던 나는 아무 연고도 없는 대전에서 임용고시를 치렀다. 이유는 하나, 원동연 박사님의 '5차원 전면교육'을 접하게 되었기 때문이다. "네 마음을 다하고 뜻을 다하고 힘을 다하여 주 너의 하나님을 사랑하라. 네 이웃을 네 몸과 같이 사랑하라"는 마태복음 말씀(마 22:34-40)을 바탕으로 세워진 교육 원리, 하나님의 말씀으로 교육의 구체적인 가지들이 뻗어 나가는 것을 보면서 심장이 뛰었다. 대전에 5차원 전면교육을 연구하는 기관이 있었고 이 일에 동참하기 위해 겁없이 대전이라는 도시에 처음 달려들었다.

초임 교사였던 나는 핵심 가치에 따라 교육을 실현해 나가는 실제적인 방법을 몰랐다. 결국 나는 품었던 '큰 뜻'을 접고 공립유치원 교사의 삶에 집중했다. 세상을 변화시키리라는 나의 큰 포부가, '아이들이 가득한 하나님 나라'를 만들어 가고자 했던 나의 원대한 꿈이 사라진 것 같아 속상했다. 대전에 오게 된 이유는 늘 나의 마음 한켠에 아쉬움으로 자리 잡았고 언젠가 이루게 될 '꿈'으로 남았다.

미처 알지 못했지만 대전에 오게 된 또 다른 이유가 있었다. 바로 새로남기독학교였다. 늘 꿈꾸던 교육 현장의 실체가 눈앞에 펼쳐져 얼마나 신기하고 감사했는지 모른다. 첫 입학 대상은 1-4학년이었는데 첫째 아이가 4학년이어서 감사의 환호성을 질렀다. 성경적 기독교 교육 현장에는 내가 직접 참여하지 못하지만 우리 아이들이 기독교 교육을 받고 그 안에서 성장하는 과정을 지켜보는 경험은 내게도 은혜이다. 아이들뿐만 아니라 나도 같은 교육자로서 새로남기독학교의 교육과 교육자들에게 도전을 받고 배우며 나의 교육 현장에도 열심히 적용하고 있다.

교사의 삶은 녹록지 않았다. 아이들을 사랑하는 순수한 마음만으로 좋은 교사가 되기는 어려웠다. 아이들뿐 아니라 교육 현장에서 만나는 모든 인간관계, 아이들을 둘러싼 모든 심리적·물리적 환경, 매해 달라지는 다양한 상황, 규정과 정책, 법까지…. 나 스스로 감당하고 부딪혀야 할 부분들이 너무 많았다. 모든 걸 포기하고 싶었던 순간들도 여러 번 있었다. 그러나 그 순간마다 하나님은 내가 누구인지, 그분이 나를 얼마나 사랑하시는지 알려 주시며 버틸 힘을 주셨고 다시 꿈꾸도록 일으키셨다. 그러는 동안 나는 더 단단하고, 더 넓고, 더 행복한 사람이 되었다. 그리고 어느새 교육 현장에서 만나는 아이, 주변 사람들에게 조금씩 도움과 위로를 건네고 행복을 나누는 기쁨을 느끼게 되었다. 교육자로 24년을 살아온 지금, 돌아보면 나는 세상을 변화시키고자 했지만 하나님은 나를 변화시키기를 원하셨고, 내가 만나는 한 사람을 변화시키기를 원하셨던 것 같다. 그렇게 나의 하늘나라가 조금씩 넓어지기를 원하셨던 것 같다.

교육선교사인 부모님의 파송예배에서 들었던 목사님의 말씀이 자주 생각난다. "특별히 전도하려고 하지 말고 열심히 가르치라. 그것이 바로 전도다. 내가 할 수 있는 것을 진심을 다하고 최선을 다할 때 하나님께서 영광을 받으실 것이다."

나도 그렇게 살려고 노력했다. 지금 나의 삶에 하나님이 얼마나 드러나고 있는지, 나를 통해 얼마나 영광 받으시는지 잘 모르겠다. 하지만 시간이 갈수록 내 안에 하나님은 분명해지고, 나의 하늘나라는 넓어지고 있다.

또 어떤 교육과정으로 인도하실까

원감이 되어서도 하나님의 교육과정은 계속되고 있다. 나의 노력도, 능력도, 인간관계도 하나님이 허락하시지 않으면 아무것도 아님을 철저히 깨닫게 하셨고, 진심 어린, 그러나 원칙이 분명한 소통 방법을 알아 가게 하신다. 교육의 비전과 핵심 가치를 고민하고 이를 실행할 교육을 세워 가는 법을 배우고 있다. 하나님의 수업을 잘 받고 나면 하나님은 나를 또 어떤 교육 현장에 두실까?

막 50세가 된 동갑내기 남편과 나는 인생 2부에 대해 자주 이야기를 한다. 농담처럼 이 얘기 저 얘기 던지지만 어떠한 모양으로 드러날지 모르는 '하나님의 뜻대로 살아가기'를 꿈꾸고 있다. 누구에게든, 어디에서든 내가 가진 것으로 최선을 다해 섬기며 사는 것. 그것이 사람들이 말하는 '선교'의 삶이 아닐까? 우리도 그렇게 살아가지 않을까?

앞으로 나는 어떤 'living curriculum'으로 살아가게 될까? 나의 선생님이 되신 하나님께서는 나를 또 어떤 교육과정으로 인도하실까?

83세로 3년 전부터 암 투병 중이신 아버지는 변함없이 선교지를 향해 발걸음을 옮기셨다. 오히려 더 많은 나라를 다니며 열심을 내셨다. 하지만 최근 건강이 안 좋아지셔서 6월말 예정된 키르기스스탄행을 취소할 수밖에 없었다. 갑자기 중

환자실에 들어가셨다가 일반 병실에서 처음 뵈었을 때 아버지의 첫마디는 '십자가'였다. 당시 분명치 않은 발음으로 여러 말씀들을 하셨지만 주된 내용은 이랬다. "십자가를 믿으니까", "하나님 말씀대로 열심히 달려 왔어", "아직 할 일이 많은데", "성경대로 가르쳐야 해", "하나님과 함께한 것이 행복이야", "다시 힘이 주어진다면 또 하나님 뜻대로 살아야지. 하나님 손 꼭 붙들고 살아야지." 아버지의 고백처럼 나도 그렇게 살고 싶고 그렇게 고백하고 싶다.

학생 시절, 마태복음 말씀이 마음에 와닿았다.

"또 비유를 들어 이르시되 천국은 마치 사람이 자기 밭에 갖다 심은 겨자씨 한 알 같으니 이는 모든 씨보다 작은 것이로되 자란 후에는 풀보다 커서 나무가 되매 공중의 새들이 와서 그 가지에 깃들이느니라"(마 13:31-32).

'겨자씨' 같았던 나는 '새가 깃드는 나무'가 되는 것이 꿈이었다. 지금 나의 모습이, 나의 삶이 어느 정도로 큰 나무인지, 나를 찾아오는 새들에게 얼마나 즐겁고 편안한 환경을 제공하는지 잘 모르겠지만 나의 삶이, 나로 인한 삶이 '천국'이 될 수 있도록 노력할 것이다. 또 응급실에서 아버지가 기도해 주셨던 것처럼 '담장 너머로 뻗은 나무'가 되도록 노력할 것이다. 담장 너머로 가지를 뻗어 푸른 열매를 맺고 담장 너머에 있는 자들에게도 하나님의 축복을 전하는 나무가 되고 싶다.

2.

주여! 이 일을
어찌해야 합니까?

이 석 추부초등학교 교사

공주교육대학교 교육학 학사, 동대학원 교육대학원에서 교육상담 석사, 한국
교원대학교에서 AI융합교육 석사를 거쳐, 교육공학 박사과정에 있으며, 현재
는 추부초등학교에서 교사로 재직 중이다. 상상이룸(메이커), SW, AI 교육에 대
한 관심을 가지고 교육 현장에서 꾸준히 교수 설계적용하고 있으며, 교육청 정
책연구원 활동, 메타버스, AI와 관련한 교원 연수 등을 통해 현장의 선생님들과
도 소통하고 있다. 주요 저서로는 《교육을 위한 메타버스 탐구생활》(공저, 지노
출판)이 있다.

그저 잘 가르치면 될 줄 알았는데

처음부터 선생님을 꿈꿨던 것은 아니다. 중·고등학교 시절 IMF를 겪다 보니 부모님께서는 안정적인 직업을 선호하셨고, 그 결과 한 번도 듣지 못했던 교육대학교라는 곳에서 초등교사라는 직업을 준비하여, 어려운 임용고시를 통과하고 교육 현장에 투입되었다. 현실과 이상은 너무나 달랐다. 학교에서 학생들만 가르치면 될 줄 알았는데, 많은 행정 업무들로 바쁜 하루하루를 보내게 되었다.

사실, 교육이라는 큰 테두리 안에서 살펴보면, 학교라는 조직 또한 하나의 유기체로 잘 운영되어야 하고, 그 속에서 학생들을 잘 성장시켜야 한다. 그래서 어찌 보면 '행정이라는 것도 또 하나의 교육으로 볼 수밖에 없다'는 현실에 한숨이 나오기도 했다. 또한 방학이라는 제도가 교사에게는 큰 혜택이라고들 하는데, 학생 지도와 더불어 행정 업무까지 이중으로 감당하는 선생님들에게 방학이라는 쉼은 반드시 필요한 일이다. 방학 때 접하는 자기 계발 기회 등은 학기가 시작되어 다시 만나는 학생들에게 더 좋은 교육의 기회를 제공하는 디딤돌이 될 수 있다. 그래서 나는 방학 또한 허투루 보내지 않았던 것 같다.

학교에서 아이들을 가르치다 보면 진짜 많은 일들을 겪는다. 초임 시절에는 주로 5-6학년 학생들을 많이 가르쳤다. 한

번은 현장체험학습을 하던 중, 6학년 여학생이 바지에 실수를 하여 엄청 당황한 적도 있었다. 그리고 한 5학년 학생이 좀처럼 준비물을 챙겨 오지 않아 그 집에 방문해 보니, 드라마에나 나올 만한 다 쓰러져 가는 초가집에 아버지는 일 나가시고 어머니 없이 사는 가정환경이었다. 아침에 먹다 남은 김치찌개가 놓인 작은 접이식 탁자를 보고, 그 친구 몰래 눈물을 훔친 적도 있었다. 이렇게 이야기하면 내가 나이가 꽤 많이 든 교사라고 생각할 수도 있겠지만, 서두에서도 이야기했듯이 IMF를 몸소 겪은 나름 열린 교육 1세대이며, 이제 막 40대에 접어든 아직 젊은 교사이다. 한번은 재혼가정의 아이가 전학 왔다. 좀처럼 적응하지 못해 방황하는 아이의 눈빛을 보고, 그 친구의 조그마한 안식처라도 되어 주고 싶은 마음에 편의점에서 라면을 사 주고, 집에 데려다주면서 대화도 나누곤 했다. 그 아이는 그 후 대학생이 되어 다시 나를 찾아왔는데, 그럴 때마다 교육자로서 많은 보람과 뿌듯함을 느낀다.

교사라는 직업은 교육과 행정을 아울러야 하기에 교무, 연구, 방과후·돌봄, 체육, 생활, 정보 등 다양한 업무 영역들을 감당해 내야 했다. 시골 학교 사정상 교원이 많이 없기에 나는 저경력 시절부터 이것저것 다양한 업무들을 병행해 나갈 수밖에 없었다. 특히 나는 젊은 남교사였으므로 생활 업무라는 것을 맡아 벌써 9년을 하고 있다.

생활 업무 분야는 인성, 안전, 학교폭력 등을 아우르는 범위가 넓은 영역 중 하나이다. 그렇다 보니 대부분 생활 업무는 남교사들이 많이 맡는데, 40학급 이상이 되는 큰 학교에서야 인성, 안전, 학교폭력 등 분야를 나눠 담당할 인력들이 있지만 6학급(한 학년에 1학급밖에 없는) 학교에서는 그냥 생활 업무를 총괄하는 경우가 많다. 처음 생활 업무를 시작할 때는 학교폭력이 가장 큰 업무 중 하나였지만, 지금은 인성, 안전 등의 분야도 범위가 많이 넓어져서 생활부장은 정말 바쁘기 그지없다. 특히, 뉴스에서도 많이 나왔듯이 학교폭력 업무는 정말 힘든 역할 중 하나이다. 아무리 시골 학교라고 할지라도 학교폭력 사안이 발생하면 담당 교사는 감정 쓰레기통 역할을 감내할 수밖에 없다. 양측의 관련자들을 다 만나 봐야 하고 사소한 일에도 불만들을 많이 토로하기 때문에 가끔은 '내가 교사인가, 형사인가, 아니면 상담원인가'라는 자괴감에 들기도 한다. 어떨 때는 아내랑 여행을 가서도 밤 9시에 전화를 받아 1시간 이상 전화기를 붙들고 있기도 했다. 이런 얘기를 학교폭력 업무 전문가인 동료 교사에게 하소연한 적이 있는데 그분이 "음… 한 시간이면 짧구먼. 나는 3시간 이상도 한 적이 있어! 방법이 없어. 그냥 들어야 돼"라고 조언해 그냥 체념했었다.

덜컥 날아든 공문, 무거운 고뇌

그렇게 또 하루하루를 버티며 살아가던 2021년 어느 날, 공문을 보고 가슴 철렁한 일이 발생하고야 말았다. 생활 업무 중에 '학교생활규정'이라는 것이 있다. 학교생활규정은 학교의 실정과 여건에 맞게 학생인권 친화적 학교생활규정을 운영하도록 하는 것인데, 2020년 7월 10일, ○○학생인권조례가 공포·시행됨에 따라 학교에서 학교생활규정을 재·개정해야 한다는 공문이 발송된 것이다. 인권 친화적 학교생활규정을 통해 학생들이 민주주의적 가치와 생활 태도를 배우고 실천하는 성숙한 시민으로 성장하도록 지원하겠다는 교육청의 정책 방향에 맞춰 각 학교는 학생생활규정을 재·개정해야 했다. 두발·복장·용모, 선도부 운영, 소지품 검사, 전자기기, 상벌점제 등 생활규정 내 다양한 영역을 점검했으며 점검 결과를 교육청에 보고해야 했다. 기존에는 일정 기간 안에 재·개정하면 되었는데, 21년부터는 매년 재·개정하라는 지침이 내려왔고 일선 학교에서는 이것을 과도한 업무로 느끼고 있었다. '매년 재·개정하라니, 정말 너무들 하는구먼!' 하는 분위기를 감지했는지, 교육청에서는 '학교생활규정 표준 예시안'을 첨부하여 학교에서 원활히 업무를 추진할 수 있도록 안내했다. 나 또한 학교생활규정 표준 예시안을 바탕으로 빨리 처리해야겠다는 심정으로 표준안을 살피기 시작하였다. 세부 조항까지 꼼꼼히 보던 중 아래 조항을 보고 너무 놀라 한동안 말을 할 수 없었다.

제22조【소수자 학생의 권리】빈곤가정 학생, 장애가정 학생, 한부모가정 학생, 다문화가정 학생, 외국인 학생, 운동선수 학생, 성소수자 학생, 일하는 학생, 임신·출산 학생 등 소수자 학생은 그 특성에 따라 요청되는 권리를 보장받는다.

성 소수자, 임신·출산 학생 등 소수자 학생의 권리 보장에 관한 내용이 눈에 들어왔다. 교육청에서 성 소수자를 언급한 것이다. 또한, 임신·출산 학생이라니…. 물론, 이 표준안은 초·중·고등학교 대상이었고 일선 학교에서는 학교급에 따라 수정·보완하여 사용할 수 있다. 하지만, '성 소수자'라는 단어가 학교 현장에 들어온 이상, 이를 어찌해야 할지 많은 고민이 되었다. 예수님을 영접한 그리스도인으로서 동성애에 대한 반성경적, 비진리적 사회 현상을 두고 기도할 때에도 사실 '내 삶에서는 이런 것들이 침투하지 않겠지, 내가 잘피하면 되겠지'라고 안일하게 넘겼는데, 그 일들이 당장 내눈앞에 나타나자 순간 무서운 생각이 들었다. 물론, 나는 이문구를 수정하고 싶지만, 하나님을 믿지 않는 세상 사람들은 내 행위를 언뜻 보고 이상하게 생각하거나 인권 침해 교사로

낙인찍을 수도 있었다. 그래서인지 공문을 받고 몇 개월 동안 이 업무를 방치하고 진행하지 않았다. 즉, 도피했었다. 학교 생활 내내 가슴 한켠에 무거운 짐을 지고 그저 하루하루 도 망 다니듯이 지냈다.

그렇게 7월이 다가왔고, 이제는 올 것이 왔다. '학생생활 규정 재·개정 점검 결과 제출'이라는 제목의 공문이 접수된 것이다. 아무것도 하지 않았던 나에게 점검 결과를 제출하라 니…. 그날은 잠을 제대로 못 잤던 것 같다. 관리자들께도 '어 떻게 이야기를 해야 하나' 고민하며 너무나 걱정이 되는 하루 를 보냈다. 다음날 교감 선생님께서 부르셨고, 교감 선생님도 미리 짐작하고 계셨던지라 걱정하는 나에게 그냥 '점검 안함. 2학기에 재·개정 예정'으로 공문을 보내라고 하셨다. 일단 한숨 돌릴 수 있었지만, 이 업무는 회피할 수 없으니 2학기에 재·개정하기로 마음먹었다.

작지만 거룩한 움직임

2학기가 시작되어 교장, 교감 선생님이 새로 오시 게 되었다. 9월 한 달간 간절한 기도와 마음의 준비를 하고 10월에 교장, 교감 선생님께 말씀을 드렸다. "우리 학교는 1학기에 했어야 했는데 제가 아직 처리하지 못하여 생활규정

재·개정을 2학기에 진행하도록 하겠습니다. 절차에 따라 학생, 학부모 의견서를 수렴하고 교육 공동체의 공청회를 진행하며 재·개정 위원회를 열어 재·개정안을 만들도록 하겠습니다." 재·개정을 앞두고 기도를 많이 했다. 준비하면서도 계속 걱정이 되었다. '절차대로 진행했는데 결과가 하나님의 뜻에 맞지 않으면 어떡하지?'라는 생각 때문이었다. 결과에 대한 걱정이 많이 앞섰다. '그냥 내가 몰래 단어를 삭제할까?'라는 얄팍한 생각도 정말 많이 했었다.

그렇게 재·개정 과정이 시작되었다. 먼저, 교육 공동체의 의견을 수렴하는 과정에서부터 소수자 학생의 권리, 소지품 검사, 전자 기기 사용, 신체의 자유 등에서 반대 의견들이 수렴되었다. 또한, 학교생활규정 재·개정 공청회에도 관심이 많이 모였고, 공청회에 반드시 참석하여 자신의 의견을 개진하겠다는 학부모님도 계셨다. 그렇게 개최된 공청회, 재·개정 위원회를 진행하는 과정에서 하나님의 인도하심을 느낄 수 있었다. 공청회에 참석한 학생 대표 중 한 명이 22조를 살펴보면서 "선생님, 성별은 남자, 여자만 있는 것 아닌가요? 성 소수자가 무엇이지요?"라고 질문했다. 그래서 "신체는 남자인데 정체성이 여자인 사람, 신체는 여자인데 정체성이 남자인 사람을 성 소수자라고 합니다. 또한, 성 정체성, 성별, 신체상 성적 특징 또는 성적 지향 등과 같이 성적 부분에서 사회적 소수자의 위치에 있는 분들을 말합니다"라고 알려 주었다. 그랬더니 "선생님, 저는 이 부분 자체가 잘못되었다고 생각합니다. 남자는 남자, 여자는 여자입니다. 세상이 이상해지는 것 같아요"라고 말하는 것이다. 옆에 있는 학생 대표도 "맞아요. 성별은 두 개예요. 어른들이 이상해요"라고 말했다. 와우! 내가 유도한 것도 아닌데 이렇게 말해 주니 속으로 반가웠다. 그랬더니 학부모 위원들도 "자라나는 우리 아이들에게 올바른 인식을 심어 주어야 합니다. 성 소수자는 잘못된 개념입니다"라고 말씀해 주셨고 지역사회 외부 위원도 "저도 찬성합니다. 사회가 잘못되고 있을 때 바로잡아 주는 것이 어른의 역할입니다"라며, 소수자 학생 권리 조항에서 성 소수자, 임신 · 출산 학생이라는 용어를 제외할 것을 강력하게 요구하셨다.

그동안 수없이 혼자 끙끙 앓고, 고민했던 나에게 하나님께서는 미리 모든 과정을 계획하고 준비해 주셨다. 내가 주도해서 바꾸는 것이 아니라 교육 공동체의 의견, 학교 구성원들의 결정을 통해 합리적인 재 · 개정이 이루어진 것이다. 사실, 표준안대로 그냥 처리하고 싶은 마음도 정말 많이 들었다. 실제로 "그냥 눈 딱 한 번 감고 그냥 표준안대로 보내. 이런 것에 에너지 쓰지 마"라고 권한 주변인들도 많이 있었다. 그런데 하나님께서는 이 작지만 거룩한 움직임에 반응해 주시고 세상이 요구하는 합리적인 과정 속에서 하나님의 뜻이 관철되도록 이끌어 주셨다. 심지어 하나님께서는 내가 지역교육청의 생활규정 재·개정 점검단 TF로 참여하게 하셔서, 우리 학교 외에는 나머지 모든 학교가 교육청에서 내려온 표준안대로 개정했음을 볼 수 있도록 하셨다.

거룩한 방파제가 되어

언젠가 주일 저녁예배에서 영국 출신 여변호사님의 강연을 들은 적이 있었다. 청교도 정신, 웨스트민스터 정신으로 무장되었던 영국이 동성애로 인해 무너져, 그 속에서 눈물로 기도하고 있다고 하셨고, 그리스도인들의 침묵으로 인해 동성애를 막지 못했다고 하셨다. 또한 대한민국이 마지막 보루이기에 대한민국만큼은 무너지지 않고 반드시 방파제의 역할을 제대로 해 달라고 호소하셨다. 내가 만약 이날 저녁예배를 드리지 않았다면, 우리 교회가 행동하고 있는 '거룩한 방파제'에 참여하지 않았다면, 제자·사역훈련을 받지 않았다면, 나는 세상의 트렌드 속에 잠시 파묻혀 떠내려가고 있었을 것이다. 비록 나는 작은 지역 사회에 속한 한 학교의 행정 업무를 처리하며 걱정과 근심, 두려움으로 많은 갈등을 겪었지만, 그때마다 중심을 잡을 수 있었던 이유는 복음에 대한

확고한 믿음 덕분이었다. 재·개정 과정 중에서 '엘리야' 선지자의 '나를 데려가소서'(왕상 19:4)라는 독백에 깊이 공감했었다. 그때 하나님께서 로뎀나무에서 엘리야 선지자에게 위로를 주었듯이 나에게는 학교 공동체의 결단이 큰 위로가 되었다. '주여! 이 일을 어찌합니까?'라는 고민에 답은 늘 한결같아야 할 것 같다. '너의 중심은 어디에 있느냐!' '아멘'이 답인 것 같다.

3.

교실 한켠
빈자리의 예수님

> 그러므로 너희는 가서 모든 민족을 제자로 삼아 아버지와 아들과 성령의 이름으로 세례를 베풀고 내가 너희에게 분부한 모든 것을 가르쳐 지키게 하라. 볼지어다. 내가 세상 끝날까지 너희와 항상 함께 있으리라 하시니라_마태복음 28:19-20.

김원주 대전어은초등학교 교사

공주교육대학교 졸업, 한국교원대학교 교육대학원 수료. 직장은 초등학교이지만, 교회 주일학교에서 미취학 어린이 부서, 청소년 부서 섬김을 통해 감사하게도 발달단계에 따른 아이들 특성을 골고루 접하고 있다. '무엇을 가르치고 배워야 하는가'에 대한 고민을 명쾌하게 해결해 주는 진리, '성경'을 앎이 생애 가장 큰 기쁨이자 교직의 버팀목이다.

교육, 삶을 나누는 아름다운 과정

어린 나는 둘러앉은 성인 여성 무리 속에 있다. 더듬더듬 곁눈질로 글씨도 익힌 터라, 고사리손으로 옆구리가 빨간 성경책을 넘겨 가며 말씀도 곧잘 읽어 내린다. 취학도 하기 훨씬 전, 나의 첫 교육 경험은 주일 오후마다 엄마가 인도하는 구역 모임이었다.

시간이 좀 더 흘러, 초등학생이 된 나는 성경고사 대표가 되어 전국대회를 준비하느라 바쁘다. 주일학교 선생님은 합숙훈련이라는 결단을 내리고, 일주일 동안 선생님 댁에서 한여름 밤의 꿈 같은 합숙을 시작했다. 사실 말이 훈련일 뿐, 성경공부를 하는 대가로 끼니마다 맛난 밥과 간식을 먹었다. 선생님과 특별한 추억을 쌓으며 종일 말씀을 배우고 외웠던 그 시간은 내 생애 가장 행복했던 시간 중 하나로 기억된다. 당시 미혼이던 선생님께서는 내 손톱에 봉숭아 꽃물도 들여 주시고, 함께 목욕도 하며 일주일의 시간을 오롯이 헌신했다. 교육이란 삶을 함께 나누는 아름다운 과정일 수 있음을 몸소 깨달은 귀한 경험이었다.

대학입시를 치르고 졸업도 하기 전, 주일학교 고등부 교사가 되었다. 새로 부임하신 부목사님은 어찌나 열심이었는지, 이제 고향을 떠나 타지의 대학교에 입학해야 하는 나의 상황은 조금도 문제가 되지 않았다. '한 사람의 강한 그리스도인'을 부르짖던 목사님의 열정에 사로잡힌 나는 방학도 반납하고 수련회를 준비하며 교사로서 헌신하는 마음을 배워갔다. 대학 생활로 학생과 떨어져 있는 동안에는 짝사랑과도 같은 일방적인 편지들을 학생들에게 보내던 기억이 난다. 그러다 주일에 만나면 반응 없는 학생들의 태도를 보며 얼마나 머쓱하던지. 교육은 때로 외로운 일방통행임을, 끝이 안 보이는 터널 속을 지나는 것임을 어렴풋하게 예감했다. 수년이 흘렀지만 당시 나를 사로잡았던 '한 사람의 강한 그리스도인'에 대한 부담감은 여전히 내 안에 남아 있다.

　엄마의 무릎에서 처음 배움을 시작한 후, 학교와 특별히 주일학교에서 만난 많은 선생님들의 가르침 속에 자라난 내가 교육자의 길을 걷게 된 것은 숨 쉬는 것만큼이나 자연스러운 일이었다.

아이의 모습으로 변장한 예수님

　교사는 사람들을 많이 만나는 직업이다. 불특정 다수를 매일 만나는 직업도 있지만, 서로 친밀한 관계 속에서 큰 영향을 미칠 수 있다는 점에서 교사는 좀 더 특별한 직업이다. 그렇기에 해마다 2월이면 교사 연구실에 긴장감이 감돈다. 일 년 동안 맡을 학급을 뽑는 시기인 탓이다. 속된 말로

뽑기를 잘하면 일 년이 편하고, 그러지 못하면 괴롭기에 모두 좋은 학생을 만나고 싶어 한다. 그때마다 나의 기도는 단순하다. '하나님, 만날 만한 사람들을 만나게 하소서. 하나님이 예비하신 만남에는 이유가 있음을 믿습니다.' 이 간구는 늘 응답된다. 하나님은 늘 만남을 세밀하게 계획하시며, 그분의 시스템에는 어그러진 운명 같은 건 없기 때문이다. 그래서일까, 20년이 넘는 교직 생활 동안 내게 큰 영향을 주었던 만남들이 먼저 떠오른다.

윤희를 만난 건 처음 초등학교 1학년 담임을 하던 해였다. 휠체어에 앉은 아이는 또래보다 많이 왜소했다. 윤희의 어머니는 행여나 본인의 아이 때문에 수업에 지장이 있을까 걱정하셨지만, 누구보다 자녀 교육에 열심이었던 어머니로 인해 오히려 반 아이들이 긍정적인 영향을 받았다. 늦은 나이에, 그것도 선천적인 장애가 있는 아이를 출산하고 홀로 키우며 어려운 일들이 왜 없었을까? 말로 다할 수 없는 사연을 뒤로 하고, 윤희의 어머니는 부정 대신 긍정을 택했다. 원망 대신 말 없는 섬김을 택했다. 그래서일까, 윤희는 몇 차례 큰 수술을 받는 등, 어려움 속에서도 항상 밝았다. 이후 내가 8개월 된 배 속의 아이를 잃고 학교를 쉬고 있을 때 내 소식을 들은 어머니께서 윤희와 단둘이 사는 작은 집으로 나를 초대해 밥 한 끼를 손수 차려 주셨다. 좌식 밥상에 차려진 따스한 밥을 마주하고 나는 큰 위로를 받았다. 세상이 보기엔 가장 약하고 가진 것 없는 모녀였지만, 가장 큰 것을 나누어 주는 그들을 통해 나는 몸과 맘을 다시 추슬렀다. 불편한 몸으로 대학까지 졸업한 윤희는 군무원 시험에 합격해 발령을 기다리고 있다. 윤희의 어머니는 지금도 매해 스승의 날에 인사를 전하시지만, 사실 나는 그분께 배운다. 자신보다 더 어려운 처지에 있는 사람에게 손을 내미는 태도를 윤희의 어머니에게 배운다.

이재혁 선생님을 만난 건 가정형편이 어려운 아이들이 많았던 변두리 지역 학교에 근무하던 때였다. 당시 교장 선생님이셨던 이재혁 선생님은 어느 날 교직원들에게 조심스레 제안하셨다. 이런 어려운 학교에 모인 것도 어쩌면 인연이라며, 학교의 학생들을 돕는 '스승장학회'를 조직하자고 의견을 내셨다. 다행히 많은 선생님들이 동의하셨고, 다달이 부담 없는 액수를 자동이체하며 동참하였다. 십시일반으로 모은 돈은 적지 않은 액수가 되어, 해마다 6학년 졸업생들 중 일부를 선정해 '스승장학금'을 지급할 수 있었다. 공립학교 특성상, 한 학교에 5년을 근무하면 다른 학교로 옮기게 되는데, 스승장학회는 첫 회원이었던 선생님들이 모두 다른 학교로 흩어진 이후에도 무려 15년 동안이나 계속되었다. 환경의 열악함을 원망하기보다, 그 속에서 작은 꽃이라도 피워 내는 것이 교육의 큰 역할임을 이재혁 선생님을 통해 배운다. 선한 일은 그

크기에 상관없이 용기가 필요하고, 누군가의 용기 있는 첫걸음을 많은 사람들은 기다리고 있다.

가장 최근에 만난 현아는 발랄하고 씩씩한 아이다. 야무진 데 비해 준비물이 미흡해서 의아하게 생각하던 중, 우연히 현아의 엄마가 돌아가신 지 얼마 되지 않았다는 사실을 알게 되었다. 내가 줄 수 있는 가장 큰 선물인 복음을 전한 후, 아이를 더 돕고 사랑할 방법을 찾느라 애타는 내 마음을 아는지 모르는지, 늘 교실에서 놀다 가는 현아는 오히려 내게 과분한 사랑을 준다. 하트를 접어 건네고, 다른 선생님께 받은 사탕도 아껴 두었다가 슬며시 내민다. 하교할 때마다 하루도 빠지지 않고 "선생님, 사랑합니다"를 외친다. 아이의 애정이 과하다고 느껴지는 순간, 무릎을 탁 치고 말았다. 먼저 사랑을 표현하는 현아에게 나도 다른 아이들 눈치를 보지 않고 맘껏 사랑을 돌려주면 되겠구나. "나도 사랑해", "내가 더 사랑해." 사랑을 갈구하기보다 먼저 사랑하는 법을 현아가 가르쳐 준다. 사랑은 많이 가진 자가 베푸는 것이 아니라, 표현하는 자가 베푸는 것이다. 어디 이뿐일까. 나의 무능력을 절감할 때마다 아이들은 예상치 못한 모습으로 깨달음을 준다. 내가 눈치채지 못할 뿐, 아이의 모습으로 변장한 예수님을 교실 곳곳에서 만난다.

은혜, 고통 중에 주시는 '숨 쉴 틈'

하나님께서 예비하신 모든 만남은 그 자체로 유의미하지만, 그 과정이 모두 행복하지는 않았다. 첫 학교 근무를 하던 초임 교사 시절, 어린 2학년 학생들을 만났다. 활기찬 아이들과 보낼 일 년을 무척 기대하며 3월을 보내고 있었다. 당시 나는 새로남교회 청년부에서 훈련받으며 뜨거운 신앙생활을 하고 있었다. 부활주일이 다가오면서 한 가지 간절한 기도제목을 품게 되었다. 부활의 의미를 머리가 아닌 가슴으로 깨우치길, 그래서 누구보다 기쁨 넘치는 부활주일을 맞이하고 싶다는 기도제목이었다. 이를 두고 새벽을 깨우며 작정기도를 시작했다. 드디어 부활주일을 하루 앞둔 토요일이 되었다. 주5일 근무제가 실시되기 전이라, 토요일 오전 수업을 마치고 교실에 남아 있었다. 아이들이 하교한 지 1시간여가 지났을까, 반가운 얼굴이 고개를 내민다. 자전거를 타고 놀던 남학생 2명이 선생님이 계신가 하여 교실에 들렀단다. 즐겁게 이런저런 대화를 나누고 헤어졌다. 그리고 그날 저녁, 한 통의 전화를 받았다. 자전거를 타던 우리 반 아이가 트럭에 부딪혀 목숨을 잃었다는 내용이었다. 그 아이는 몇 시간 전 교실에 찾아온 아이였다. 아이와 대화를 좀 더 했으면 어땠을까? 애초에 교실에 남아 있지 말걸. 그랬더라면 단 1초라도 비끼어 가서 사고를 막을 수 있었을까? 그날의 시간을 곱

씹고 또 곱씹었다. 뜬눈으로 밤을 새우고 부활주일 아침에 화장터로 향했다. 부활의 기쁨을 바랐던 내게 하나님은 예배에 참여하는 축복마저 거두신 듯했다. 외롭고 고통스런 부활주일이 지난 다음 날, 출근할 용기가 나지 않았다. 비어 있는 아이의 자리를 어떻게 볼 수 있을까. 무기력감 속에 억지로 큐티책을 펴 들었던 그때, 참았던 눈물이 터져 나왔다.

"예수께서 오사 가운데 서서 이르시되 너희에게 평강이 있을지어다"(요 20:19b).

부활하신 예수님께서 절망에 빠진 제자들에게 나타나 제일 먼저 하신 말씀이다. 슬픔과 마주하는 게 두려워 숨고 싶은 내게 예수님은 친히 위로를 건네셨다. 사람의 목숨은 유한하지만 죽음이 끝이 아님을 예수님은 부활로 확증하셨고 이것은 무엇과도 비할 수 없는 큰 소망이다. 가장 고통스러운 경험으로 나는 가장 소중한 진리를 붙잡았다. 고통과 은혜는 다정한 친구처럼 함께 온다. 은혜는 고통 중에 하나님이 내어주시는 숨쉴 틈이기 때문이다. 더불어 두 달도 함께하지 못한 그 아이를 생각하면, 지금 내 앞에 있는 아이들과의 순간이 참 소중하다.

우린 가르치는 자이며 동시에 배우는 자

두 번째 아픈 만남은 교직 경력이 제법 쌓인 뒤였다. 첫째를 낳고 시작한 휴직이 셋째 출산까지 이어지며 긴 시간을 쉬었다. 교직 선배님들은 아이를 낳고 길러 봐야 진짜 교사가 된다고 입버릇처럼 말씀하셨는데, 비로소 교사의 자격을 갖추는 과정은 지난하기만 했다. 모든 아이는 헌신적인 양육의 결과물이었다. 다시 교직에 돌아간다면 아이들을 대하는 게 이전과는 다르리라, 생각하며 복직 후 5학년 학생들을 만났다. 고학년은 교사와 학생의 관계가 잘 형성되기만 하면 학생 주도의 자율적 학급 경영이 이루어지는 꿈의 학급이 가능하다. 그간 고학년 담임 경력이 많았고, 더군다나 아이들을 귀한 존재로 보리라는 '초보엄마 교사'의 각성으로 충만했지만 그 기대는 첫 만남부터 삐그덕거렸다. 꿈을 묻는 질문에 과반수의 아이들이 '크리에이터'라고 답했다. 당시는 유튜브가 막 활성화되는 시기였고 손쉽게 유명세를 얻고 돈을 버는 콘텐츠 창작자를 선호했다. 아이들은 자극적이고 가벼운 영상을 올리는 유튜버들이 쓰는 말을 무분별하게 따라했고, 이것은 교실에서 '패드립'(가족을 모욕하는 말)과 성적 수치심을 일으키는 말, 남녀 간 차별을 일삼는 언어폭력으로 이어졌다. 몇몇 아이들을 중심으로 시작된 이런 분위기는 진화 시기를 놓친 산불처럼 전체 분위기를 빠르게 장악했고, 무례한 태도로 수업을 방해하는 지경에 이르렀다. 아이들과 상담을 진행하면서 학부모들을 만나고 선배 교사들의 조언도 들어 가며 뛰어 보았지만, 아이들은 브레이크가 고장난 차량에 올라탄 것마냥 쉽게 멈추지 않았다. 말로만 듣던 '학급 붕괴'의 위기에 처해 있음을 인정했다. 그동안 쉽고 평탄한 교직 생활을 해 왔음을 실감했다. 하나님께 무릎 꿇지 않고는 하루를 견딜 힘이 없었다.

거기에 더해, 교사의 책임을 묻는 관리자의 따가운 눈초리, 교사를 신뢰하지 않는 학부모의 민원, 선배 교사로서 본이 안 된다는 자책은 나를 늪 속에 빠뜨렸다. 하나님께서 허락하시는 모든 상황은 그분의 계획 아래 있음을 믿지만, 무엇을 알게 하시든 가혹하게 느껴졌다. 급기야 교통사고가 나기를 바라며 나도 모르게 핸들에서 손을 떼는 지경에 이를 정도로 나는 무너져 가고 있었다. 위태로운 시간을 견디던 중, 여러 선생님의 모습이 스쳐 지나갔다. 아이들과의 관계로 힘들고, 관리자와 불화를 겪고, 학부모의 민원으로 고통받고, 나이들어 위축된 선생님들의 모습이었다. 젊고, 힘든 게 없었고, 자신만만했던 나는 다른 선생님들의 아픔을 공감하지 못했다. '본인에게 문제가 있겠지…'라며 속으로 그들의 책임을 추궁했다. 그제서야 내가 얼마나 교만했는지 깨달았다. 교만은 사람을 참 아프게 한다. 결국 깨어져야만 하기 때문이다.

오늘도 교실 한켠 빈자리에 예수님을 모신다

"내가 주의 의로운 판단을 배울 때에는 정직한 마음으로 주께 감사하리이다"(시 119:7).

"찬송을 받으실 주 여호와여 주의 율례들을 내게 가르치소서"(시 119:12).

위 말씀의 '배우다'와 '가르치다'는 동일한 히브리어 단어 '라마드'가 쓰였다고 한다. 그렇다. 나는 가르치는 자이면서 동시에 늘 배운다. 배운 것들로 또 한 뼘 성장한 만큼 가르친다. 해마다 깊이 있는 관계를 맺게 되는 교육 현장 속 사람들과의 만남은 비록 그 관계가 행복하지 못할 때조차 나에게 늘 가르침을 준다. 챗GPT에게 '교사의 자질'을 물었더니 'Empathy'(공감), 'Patience'(인내심), 'Communication Skills'(의사소통 능력), 'Knowledge'(지식), 'Passion'(열정), 'Adaptability'(적응력), 'Professionalism'(전문성), 'Creativity'(창의성)라고 답한다. 나는 여기에 'Partnership'(동역)을 추가하고 싶다. 교육은 탁월한 교육자 한 사람으로 가능한 게 아니라 학생과 학부모, 동료와 동역이 이루어질 때 그 효과가 더 두드러진다. 그리고 이 동역은 겸손한 모습으로 배우려는 자세를 가질 때 비로소 가능하다.

급변하는 세상, 교권이 추락하는 교육 현장을 실감하는 요즘이다. 마음이 아픈 아이들을 마주하며 내 능력의 한계를 절감할 때마다 교실 한켠 빈 의자에 예수님을 모셔 지혜를 구한다. 하나님을 알지 못하는 아이들에게는 동의를 구해 복음을 전해 준다. 그리스도인 선생님들과 기도 모임을 만들어 아이들과 학교를 위해 함께 기도한다. 비록 소소한 행보일지라도 내가 있는 곳에서 하나님의 뜻에 순종하며 살아갈 때, 나의 작은 교실 한 칸은 하나님의 통치가 이루어지는 하나님의 나라가 됨을 믿는다.

"선생님, 체육 시간에 뭐 해요?" "체육"

"선생님, 5교시에 놀면 안 돼요?" "안 돼."

히포크라테스의 네 가지 기질 테스트 중 우울질이자, MBTI에서 T(사고형)인 나는 사람들과 있으면서도 혼자일 때가 있다. 미미한 생각으로 최악의 시나리오를 만들기 일쑤이다. 이런 나를 아이들은 끝도 없이 방해한다. 자신들의 사소하고 유치한, 그러나 대단히 중요한 일상 속으로 나를 초대한다. 아이들과 함께 화내고 웃다 보면(어이없어 웃는 것을 포함하여) 어느새 단순해지는 나를 본다. 그릿 시냇가의 엘리야처럼, 어쩌면 아이들은 하나님이 내게 보낸 까마귀 같다. 쓸모없는 염려와 걱정은 버려 두고 지금 허락하신 사명에만 집중하라는 뜻 같다.

"그러므로 너희는 가서 모든 민족을 제자로 삼아 아버지와 아들과 성령의 이름으로 세례를 베풀고 내가 너희에게 분부한 모든 것을 가르쳐 지키게 하라. 볼지어다. 내가 세상 끝날까지 너희와 항상 함께 있으리라 하시니라"(마 28:19-20).

어느덧 교직에 머문 시간보다 떠날 시간이 적게 남았다. 예수님이 제자들을 가르치신 후 다시 가르치는 자로 세상에 보내신 것처럼, 수많은 만남의 복으로 나를 가르치시면서 동시에 가르치는 자로 이끌어 오신 하나님의 손길을 느낀다. 나의 제일 큰 스승이신 예수님이 보여 주신 교육자의 모습을 따라 이 길을 걷게 하심에 감사와 영광을 돌리며, 교직의 안과 밖에서 복음을 전하고 가르치는 자로 계속 쓰임 받기를 소망한다.

4.

주는 나의
도움이시라

하나님께 가까이함이 내게 복이라. 내가 주 여호와를
나의 피난처로 삼아 주의 모든 행적을 전파하리이다
_시편 73:28.

정은주 대전갑천초등학교 교사

광주교육대학교 졸업. 광주광역시에서 16여 년 동안 하남중앙초, 학강초, 방림
초, 신창초에 근무하였다. 두 번의 동반 휴직과 8년의 주말부부 기간을 지낸 후,
대전광역시에 전입해 반석초, 와동초를 거쳐 12년째 근무하고 있다. 20세에 주
님을 만난 후 인생의 방향을 알게 되었고 풍성한 삶을 꿈꾸게 되었다. 7번 넘어
져도 8번 다시 일으키는 주님의 도움, 그리스도인 교사로 성장시켜 주시며 주
안에서 소망했던 삶을 날마다 누리게 하시는 은혜에 감사드린다.

그리스도인이 되다

전도자: 당신은 지금 죄로 인해 심판받아 사망의 형벌을 받을 수밖에 없는 왼쪽에 있나요? 아니면 죄 사함을 받아 영생을 얻고 심판받지 않고 사망에서 생명으로 옮기는 오른쪽에 있나요?

나: 왼쪽입니다.

전도자: 앞으로는 어느 쪽에 있기를 원하나요?

나: 오른쪽입니다.

전도자: 오른쪽으로 가는 방법은 예수 그리스도를 듣고 믿음으로 갈 수 있습니다. 믿음이 무엇일까요? 요한복음 1장 12절에 믿음은 곧 영접이라고 나와 있습니다. 영접은 예수님을 진심으로 믿고 마음과 삶에 모셔 들이는 것입니다. 예수님을 믿기 원하나요?

나: 네.

전도자: 저와 함께 예수님을 마음에 모셔 들이는 기도를 해 주시기 바랍니다.

전도자, 나: 하나님 저는 죄인입니다. 저의 죄를 대신하셔서 십자가에서 돌아가시고 다시 살아나셔서 새 생명을 주시니 감사합니다. 예수님을 제 마음에 모셔 들입니다. 들어오셔서 저의 삶과 인격의 주인이 되어 주세요. 예수님의 이름으로 기도합니다. 아멘.

어릴 때부터 천국과 지옥을 믿었던 나는 지옥은 가기 싫고 천국에 갈 만큼 착하지는 않은 것 같아 어떻게 해야 천국에 갈 수 있는지 알고 싶었다. 그런데 대학입학 원서접수 날 교육대학교에서 만난 전도자(선배 언니)가 '다리 예화'를 들려주었다. 예수님을 믿으면 천국에 갈 수 있다는 복음을 그림으로 쉽게 설명해 주는 방식이었다. 너무 기뻐서 바로 영접 기도를 했다. 그리고 그리스도인이 되었다.

나는 신앙 배경이 없는 가정에서 1남3녀 중 첫째로 태어났다. 내 기억 속의 첫 번째 교회 활동은 초등학교 1학년 성탄절에 흰 티셔츠와 빨간 치마를 입고 친구들과 "탄일종이 땡땡땡"을 부르며 율동을 한 장면이다. 신앙은 없었으나 교회에 호감을 갖고 계신 엄마가 주일학교에도 데려다주셔서 잠깐 다녔던 기억이 있고, 가게를 하던 우리 집 앞으로 주일이면 커다란 검은색 성경책을 들거나 끼고 지나가는 사람을 보면서 부러워하기도 했었다. 그러다 가톨릭 여고에 배정받아 윤리를 가르쳐 주신 수녀님과 학교의 많은 수녀님을 보고 성당에 다니면서 나도 수녀가 될까 생각한 적도 있었다. 학교에서 진행하는 미사와 가톨릭 행사에 참여하면서 영세도 받았다.

대학에서도 신앙생활을 위해 가톨릭 동아리를 찾고 있었는데, 나에게 복음을 전해 준 선배 언니가 자주 찾아와서 성경공부를 하자고 제안했다. 성당에 다닌다고 했지만 괜찮다면서 와 보라는 권유에 친구와 몇 번 참석했으나 성경이 너무 어려웠다. 그러던 중 같은 과에서 친해진 친구가 교회를 다닌다기에 그 친구를 성경공부 모임에 데려간 것을 계기로 모임에 꾸준히 참석하게 된 것 같다. 신기하게 선교회 모임에 익숙해질 무렵에야 그동안 보이지 않던 가톨릭 학생회 동아리 소개 벽보가 보였다. 이 모든 것이 하나님의 인도하심이라고 생각한다.

대학에서 좋은 믿음의 공동체(네비게이토 선교회)에 속해 있으면서도 여러 곳에 마음이 분산되어 있다가, 개인적인 경건의 습관을 갖고 말씀의 은혜를 경험한 것은 3학년이 끝나갈 무렵이었던 것 같다. 4학년 때는 전도에 열심을 냈다. 특히 오르간 연습실은 한 명씩 방 한 칸에서 연습하여 전도하기에 최적의 장소였다. 그곳에서 전도하고 성경공부에 관심을 보이면 모임에 초대하였다. 그때 만나 전도한 다른 과 친구는 선교회에서 좋은 형제를 만나 결혼하고 지금은 부부가 교회에서 중고등부 책임자로 열심히 사역하고 있어서 감사하다.

졸업 후, 시내 발령을 기다리는 동안 학생도 선생님도 아닌 신분이 되었다. 더욱 간절함으로 말씀을 읽으며 하나님을 나의 하나님으로 고백하고 말씀을 나에게 주신 약속들로 받으며 은혜의 시간을 보냈다. 기간제 교사로 근무할 기회가 있었지만, 영적인 은혜와 믿음의 자매들과 함께하는 것이 좋아 그냥 그대로 지냈다. 시편 말씀이 특히 좋았고 사무엘하 5장

10, 12절에서 다윗이 점점 강성하여 갈 때 하나님께서 자신을 왕으로 세우시고 나라를 높이신 것을 알았다는 말씀을 읽으며 나도 곧 발령 나리라는 믿음과, 발령 나고 형통해질 때 더욱 하나님을 높이고 기억하리라는 마음을 주셨다. 부모님은 맏딸이 기간제 교사를 하지 않고 용돈만 벌면서 지내는 것을 아무 말 없이 기다려 주셨는데, 나중에야 감사하다는 말씀을 드리며 그때 심정을 여쭈었더니 조급하고 까다로운 딸이 평온하게 변한 모습이 좋았다고 말씀하셨다. 그 후 여동생들에 이어 부모님이 차례로 예수님을 믿게 되어 감사하다.

하나님의 맞춤형 인도하심

1년의 기다림 끝에 드디어 신도심의 신설 학교로 발령이 나고 5학년 담임을 맡았다. 우리 반 아이들이 너무 예쁘고 아침마다 그들을 보고 싶은 마음에 출근길이 행복했다. 학급 아이 중 자원하는 남학생 여학생 각각 두 명씩 데리고 성경공부를 했는데 그중 한 여학생은 20여 년 뒤 우리 선교회 형제님과 결혼하여 영국에 부부 선교사로 나갔다. 아이들과 성경공부하는 것을 알게 되신 보건 선생님도 동참하기를 원하셔서 일대일로 성경공부를 진행하면서 광주역에서 노방 전도를 했다. 예수님을 영접하고 성경을 배우기 원하는 직장

여성 3명과 광주역 근처에 있는 한 자매님 집을 빌려 매주 공부를 했다. 선교회 장소는 거리가 너무 멀었기 때문이다. 지금은 생각할 수 없는 만남이 그때는 가능했었다.

학교에 근무하면서 매년 크리스마스 시즌이 되면 학생들에게 성탄절의 뜻과 기원전(AD), 기원후(BC)를 설명하며 복음(福音), 문자 그대로 복된 소식(GOOD NEWS)을 들려주었다. 학년이 마무리될 즈음엔 새 학년에서 좋은 만남 가운데 사랑받고 칭찬받으며 잘 자라기를 축복해 주었다. 요즘은 학생들의 의사를 존중하며 전하고 있다.

한 네비게이토 선교사님이, 전도하기에 좋은 기회는 택시를 이용할 때라며 자신이 선교사를 하지 않았으면 택시 기사를 했으리라던 말씀이 떠올랐다. 그래서 나도 택시를 탈 때는 전도하곤 한다. 한번은 택시를 타고 새로남교회에 가자고 하니 기사님이 먼저 오정호 담임목사님을 아신다고 하며 새로남교회가 탄방동에 있을 때, 중고등학생인 자녀들에게 목사님께서 일일이 전화해 주셨다고 고마워하셨다. 다른 기사님도 오정호 목사님 잘 지내시는지 근황을 물으시고 지금은 교회에 다니지 못하지만, 목사님을 잘 아신다고 말씀하셨다. 목사님께서 어린 학생들까지 챙기시며 돌보셨다니 목사님의 영혼 사랑의 열정이 오늘의 교회를 이루었다는 생각이 든다.

몇 년 전 1학년 아이들을 인솔하여 교통공원에 갔을 때 연배가 비슷한 강사님이 어떻게 교대를 알고 갈 생각을 했냐고 물으신 적이 있다. 생각해 보니 내가 고3 때 엄마가 교대에 가면 좋겠다고 말씀하셔서 교대의 존재를 처음 알게 되었다. 당시 나는 다른 대학교에 가고 싶었기에 평소 존경하던 고2 때 담임선생님을 찾아 상담을 드렸다. 가정형편을 잘 아시는 선생님께서는 나에게 당연히 교대에 지원하라고 권유하셨고, 그렇게 교대에 진학하게 되었다. 하나님은 내가 믿기 전에도 나를 아시고 복음을 들을 수 있도록 인도해 주셨다. 그리고 비록 교사가 오랜 꿈은 아니었지만 내가 교직 생활을 하면서 한 번도 후회하거나 다른 직업을 생각해 본 적이 없을 정도로 맞춤형으로 나를 인도해 주셔서 감사하다.

하나님의 맞춤형 도우심

대덕구 학교에서 만난 승호는 한국어가 서툴고 생활 적응력이 또래보다 많이 미흡했다. 다문화 가정이며 1학년이라 검사를 기다려야 한다고 하여 정서·행동이나 인지 테스트를 받아 볼 기회가 없었다. 언어 교육 등 도움을 받기 위해 동부다문화센터 등 여러 곳을 알아보았지만, 어머니가 그곳까지 데려갈 형편이 안 되어 난감했다. 다른 18명의 아이들 모두 학교생활에 다 같이 적응하는 단계여서, 승호를 개별 지도하는 것이 힘들었는데 설상가상으로 한 달 후 전학 온 민준이가 승호와 함께 시너지를 일으켜 수업 자체가 너무나 힘든 상황이었다. 교감 선생님께서 두 아이를 봐주며 도와주셨고 학교 신우회 선생님들과 함께 승호가 학교에서 잘 배워 장차 사회인으로 자기 몫의 삶을 잘 살아갈 수 있도록 기도했다. 다행히 2학기부터 승호는 자신에게 맞는 새로운 교육을 학교에서 받게 되었고 학급 생활도 적응해 나갔다. 감사하게도 몇 년 뒤에는 운동에 실력을 발휘해 소년체전에 대표로 선발되어 교문에 현수막까지 걸렸다. 신우회 선생님들과 함께 특별히 학교생활 부적응 아이들을 위해 꾸준히 기도했는데 기도는 땅에 떨어지지 않으니 아이들 한 명 한 명을 위해 구하고 생각한 것에 넘치도록 응답해 주실 줄 믿는다.

1학년 담임을 하면 학급 전원의 한글 해득이 당연하다. 어느 해에 만난 기철이는 누나와 형들의 영향으로 아는 것이 많아 말은 매우 잘하고 체격도 또래보다 컸는데, 한글을 읽지 못해 부끄러워하였고, 배움에 기다림이 필요했다. 아이는 "우리 엄마도 한글을 몰라요"라고 말하며 의욕을 잃은 채 그만 2학년이 되었다. 당시 2학년이 3학급이었는데 기철이가 또 우리 반이 되어 다른 아이들 모르게 방과 후에 시간을 정해 아이를 지도할 수 있었다. 마침 아이를 마중 나온 큰누나를 만나 기철이가 한글을 더 빨리 읽을 수 있도록 복습과 반복

연습을 요청했다. 큰누나는 고등학교를 졸업하고 직장을 다니다 당분간 일을 쉬고 있었기에 동생을 도울 여건이 되었다. 가정과 연계하여 지도한 지 얼마 후 어려운 받침까지 스스로 읽게 되었을 때 기철이가 목소리를 한껏 높여 "선생님, 저 혼자 읽을 수 있어요"라고 자랑스럽게 말하던 모습이 떠오른다.

초임 시절 내가 독서 경시대회 준비를 지도했던 연우는 학교에서 참가한 학생 중 유일하게 수상했다. 연우는 나중에 경기지역 초등교사가 되어 학교로 홍삼을 보내 주었다. 당시 학급 아이들을 데리고 교육대학교에 가서 견학하고 롤러스케이트 장에도 데려갔는데, 내 영향으로 교사가 되었다니 감사했다. 청와대 경호원이 된 민국이는 6학년 때 우리 반이었는데 내가 "민국이는 경찰 하면 잘할 것 같다"라고 말했다고 한다. 나는 전혀 기억이 나지 않지만 하나님께서 나의 말 한마디가 그 학생에게 꼭 맞는 진로 지도가 되게 하셨다. 교사의 영향력의 무게를 생각하며 입술에 파수꾼을 세워 달라고 기도한다.

결혼 후 남편은 뜻이 있어 퇴사하고 박사 과정을 위해 일본 유학을 떠났다. 첫아이를 임신 중이던 나는 남편의 전도로 교회를 다니기 시작한 아버님을 모시고 매주 예배를 드렸다. 그리고 출산 후에 동반 휴직을 했다. 2003년 일본에서 4년 만에 귀국하고 복직하니 새로운 교육행정정보시스템과 업무

관리시스템, 밀레니엄 시대의 달라진 아이들 분위기에 적응하기가 쉽지 않았다. 게다가 수많은 도서 관련 업무에 도서관 리모델링 추진 업무도 맡게 되었다. 설계사도 아닌데 리모델링이라니…. 생소한 용어들을 익히고 대구까지 교장 선생님과 출장 가서 필요한 사진을 찍어 오기도 하면서 전적으로 도우시는 하나님의 은혜로 내 능력 밖의 일을 감당할 수 있었다. 그때 학생독서토론회를 지도하며 6학년 아이들과 매주 좋은 책을 선정해 읽고 생각을 나누며 아이들과 친해지고 홈페이지에 꾸준히 감상문을 탑재하게 하여 칭찬도 받았다.

8년간 남편은 금요일 저녁 광주에 와서 월요일 새벽 대전으로 출근하는 생활을 매주 반복했다. 우리 부부는 토요일에 아이들을 데리고 주로 사회 교과서에 나오는 장소를 여행했고 주일은 선교회에서 주일학교 교사로 섬겼다. 그리고 나는 해마다 두 번씩 대전으로 전출을 신청했다. 기다리다 지쳐 "하나님 뜻대로 해 주세요"라고 두 손 들 무렵 하나님은 말씀처럼 광야에 길을, 사막에 강을 만드셔서 광주에서 대전으로 삶의 터전을 인도해 주셨다. 세 아이들이 너무 어릴 때 이동했으면 아무 연고가 없는 곳에서 학교생활을 병행하느라 힘들었을 텐데 가장 최선의 때에 인도해 주신 것이다. 무엇보다 좋은 교회, 영적 지도자와의 만남의 복을 주셔서 감사하다. 새로남교회에서 예배의 은혜를 누리며 주일 밤 예배와 수요

예배까지 기쁨으로 드리게 되었다.

너희가 너무 사랑스러워

학교 이동 시기에 우선순위로 교회 근처 학교로 지원하여, 세종에서 혼잡한 출근 시간을 피해 새벽에 남편과 함께 교회에 가서 예배드리고 여유롭게 출근할 수 있어서 좋다. 등교하는 아이들의 이름을 부르며 반겨 줄 수 있어서 감사하다. 올해는 코로나 상황이 나아져서 3월 한 달간 아이들을 안아 주고 "사랑해" 인사하면서 맞아 주었는데 여러 사정으로 지속하지 못한 게 아쉽다. 다시 참신한 사랑의 인사법으로 우리 아이들과 특별한 하루하루를 시작하고 싶다.

최근에 선생님 한 분과 이야기를 나누고 있는데 수아가 친구들과 놀다가 나를 보고 다가오는 모습이 너무 사랑스러워 머리를 쓰다듬어 주었다. 하나님께서도 내가 가까이할 때 기뻐하신다는 말씀이 생각난다.

"만복의 근원이신 하나님, 제가 날마다 더욱 주께 가까이 나아가 복된 삶을 살고 맡겨 주신 학생들에게 복이 되는 교사 되게 하소서. 아이들을 넉넉하게 품고 기다려 주며 비전을 심어 주고 축복의 말을 하는 교사 되게 하소서. '범사에 하나님을 인정하고 감사하고 기뻐하라'는 말씀을 기억하며 아이들과의 만남을 섭리하신 하나님을 인정하고 아이들로 인해 감사하고 기뻐하는 교사 되게 하소서. 온 세상의 빛 되시며 나의 영원한 스승 되신 하나님께 찬양과 감사를 드립니다."

5.

큰 그림 속
퍼즐 한 조각

손영심 대전자운초등학교 특수교사

한국 최초로 특수교육과가 설립된 대구대학교의 교수님들에게 "밀가루 포대로 월급을 받았다", "우리 과 MT는 교회 수련회 같았다"라는 '나 때는' 시리즈를 들으며 기독 특수교사로의 사명감과 신앙관을 가지게 되었다. 행복교실(구 대전기독교사모임) 인도 교육선교팀장으로 20년째 한국과 선교지 간 다리 놓는 자로 쓰임 받고 있다. 2017년부터 전국특수교육실태조사 현장자문위원으로 활동하고 있으며, 아이스크림몰의 장애이해교육 교구인 '점자책갈피'와 '수어키링'을 기획했다.

특수교사가 되고 싶습니다

고등학교 윤리 시간, 선생님께서 칠판에 '한국 선교 =의료+교육'이라고 쓰셨다. 술과 담배를 즐기시던 선생님께서 왜 이 내용을 가르치셨는지 기억나지 않지만, 그 자리에서 나는 "그래, 선교를 위해 교사가 되어야겠어!"라고 결심했다. 그러던 어느 날, 교회 장애인 부서의 찬양 발표회를 경험하며 한 번도 생각해 본 적 없었던 '특수교육'의 길을 걷고 싶어졌다. 매일 밤 학교까지 고3 딸을 데리러 오던 다정한 아빠에게 "특수교육과에 가고 싶어요"라고 하니 "장애인 똥이나 치우고 살라고 공부시킨 줄 알아?"라며 반대하셨다. 그러나 교회에서 발달장애 아이들을 만날수록 특수교사가 되고 싶다는 마음은 커져만 갔다. 딸을 위해 직접 특수교육에 관련된 분들을 만나 보며 인식이 바뀐 아빠도 결국 허락해 주셨다.

대학교 4학년, 임용고시 경쟁률은 갈수록 높아지고 있었기에 한 해라도 빨리 시험을 치는 것이 현명한 때였다. 그러나 착실하게 대학생활을 하던 딸이 임용고시를 치르지 않고 인도에 간다고 하니 교회를 다니지 않던 부모님은 펄쩍 뛰셨다. 졸업 전, 교육 봉사활동과 어학연수를 마무리하고 딱 1년 후에는 돌아오겠다고 약속드렸다. 부모님께서 주시던 한국 대학생의 용돈은 인도에서 꽤 큰 금액이었기에 빈민층 사역에 정말 귀하게 쓰였다(부모님이 선교비를 내셨으니 이를 반드시 고려해 달라며 친정 구원을 위해 기도하고 있다). 한국에 와서 임용고시를 준비하던 중, 교회 대학부 팀을 인솔하여 인도 단기선교를 떠나게 되었다. 엄마는 임용고시가 석 달밖에 남지 않았는데 또 어디를 가냐며 너무나 합당한 반대를 하셨고, 나는 꼭 합격할 테니 믿고 보내 달라고 했다. 그해 임용고시에 차석으로 합격했다. 덕분에 모교에서 합격 수기 발표라는 이름으로 믿음의 간증을 할 수 있었다. 그렇게 2007년, 대전혜광학교에서 특수교사로서 첫발을 내딛었다.

학부모와 교사도 행복한 교육

특수학교에도 교사들이 유독 기피하는 학년이 있다. 뇌전증으로 인한 잦은 경기, 학생과 교사를 가리지 않는 공격 행동, 보이는 물건은 다 집어던지는 행동 등 지도하기 어려운 아이들이 한 학년에 모여 있었다. 이 아이들의 담임으로 자원하여 2년을 연임하기로 한 날, 교실 앞에서 손에 손을 잡고 기뻐 뛰시던 학부모님들의 모습이 지금도 눈에 선하다. 이후, 나는 '교사가 행복해야 학생이 행복하고, 부모가 행복해야 아이가 행복하다'라는 교직관을 가지게 되었다. 내가 만나는 학부모님들 중에는 우울증을 앓고 계신 분들이 많다. 장애 아이를 낳으면 자의로든 타의로든 아픈 아이를 낳은 죄인이 되기 때문이다. 이뿐인가, 자신의 마음을 잘 지켰다고 하더라도 아이의 행동으로 인해 하루가 멀다 하고 담임선생님의 전화를 받거나 주변 사람들의 눈총과 수군거림을 감내해야 하기도 한다. 이러한 상황을 알기에 학생도, 부모도, 교사도 행복한 교육을 하기 위해 노력하다 보면 조금씩 밝아지시는 학부모님들의 모습을 보게 된다. 가끔 이분들이 "선생님을 만나고 우울증 약을 끊었어요"라고 말하실 때면 "지극히 작은 자 하나에게 한 것이 곧 내게 한 것이니라"(마 25:40) 하신 말씀을 조금은 실천하여 하나님을 기쁘시게 한 것 같다.

특수교사 부부를 지킨 시편 방패

4학년 1학기, 신입생 형제를 만났다. 공학도로 엔지니어 생활을 하다가 특수교사가 되기 위해 30세에 다시 대학에 입학한 형제였다. 나는 IVF(한국기독학생회)에서 1학년 담당 리더였기에 CCC(한국대학생선교회) 대표순장 출신이라는 '대어 신입생'을 섭외하기 위해 친절한 선배가 되었다. 그 친절을 오해한 형제는 이를 기도 응답이라 믿었고 내가 인도로 떠나기 전, 우리는 교제를 시작했다. 형제는 1년간 누구보다 든든한 기도의 후원자가 되었고, 그와 맞춘 싸구려 커플링은 성범죄가 만연한 인도에서 23세의 나를 지켜 주는 무기가 되었다.

몇 해 전, 남편이 아동학대 신고를 당했다. 중증 지적장애 학생을 30분 거리의 아동센터로 혼자 보낼 수 없었기에 장애인활동보조인에게 교문 앞 인계를 요청했는데, 이를 갑질로 신고한 것이었다. 이 과정에서 어머니, 누나, 학생 모두가 지적장애인인 가족이 이분에게 부당한 대우를 받고 있음을 알게 되었다. 그러나 그분은 적반하장으로 남편에게 협박과 욕설이 담긴 문자를 계속 보내고 학교에 찾아와 난동을 부리며, 급기야 지적장애인 어머니를 설득하여 남편을 아동학대 교사로 신고하도록 했다. 옳은 일을 한 남편이지만 학교장과 교육청 장학사들은 털어서 먼지 안 나는 사람은 없다며 사과를 종용했고, 이를 거부하면 중징계를 받아야 했다. 활동보조인이 자신은 교육청의 높은 분과 잘 아는 사이라고 하더니 부당한 일이 일사천리로 진행되어 갔다. 피할 길이 없어 보이던 이때, 하나님은 우리 부부에게 시편 35편 말씀을 붙들고 영적 전투를 하게 하셨다.

"여호와여 나와 다투는 자와 다투시고 나와 싸우는 자와 싸우소서"(시 35:1).

"나의 하나님, 나의 주여 떨치고 깨셔서 나를 공판하시며 나의 송사를 다스리소서"(시 35:23).

"나의 혀가 주의 의를 말하며 종일토록 주를 찬송하리이다"(시 35:28).

기도하는 가운데 주무부서인 보건복지부에 활동보조인의 불법행위 감사를 요청하였는데, 그때부터 일이 역전되었다. 구청, 복지관, 보건복지부가 실시한 감사로 인해 활동보조인은 결국 검찰에 기소되었고, 벌금형과 자격 정지를 당했다. 민원 처리를 위해 남편을 징계하려 한 학교장과 장학사들에게도 책임을 묻고 싶었지만, 특수교사로서 명예를 회복하고, 장애 학생 가정이 새로운 활동보조인을 만나는 것으로 마무리했다. 말씀을 붙잡고 기도하면 하나님의 방법으로 하나님이 해결하신다는 것을 경험하였다.

"하나님의 말씀은 다 순전하며 하나님은 그를 의지하는 자의 방패시니라"(잠 30:5).

하나님의 인도로 열린 인도 교육선교의 길

대학교 졸업 학년, 학교 건물을 짓는다는 소식이 담긴 기도편지를 읽고 윌리엄 캐리가 사역한 인도 서벵골로 1년간 떠나게 되었다. 늘 사람이 부족한 선교지에서 하나님의 일하심이 필요하니 없는 은사는 주시고, 있는 것은 더욱 기름 부으시며 한 사람이 열 사람 몫을 하게 만드셨다. 오전에는 학교에서 아이들을 가르치고, 오후에는 돈이 없어 교회 밖에 갈 곳 없던 청소년들을 위해 예배학교를 열어 키보드, 워십댄스를 가르치고 함께 성경을 읽었다. 그리고 저녁에는 기혼 여성들을 모아 여성 사역을 진행했다. 하나님께서 튼튼한 위장을 주셔서 외국인들은 먹기 힘든 현지 물과 음식을 똑같이 먹고 마시니 현지인들이 이런 한국인은 처음 봤다며 마음을 활짝 열어 주었다. 특히, 인도 지방 언어인 방글라어를 2달 만에 듣고 말하게 되어 간단한 통역도 가능하게 되었다. 말로만 듣던 언어의 은사를 체험하였다.

특수교사가 되어 남편과 함께한 3주간의 인도 여행 중, 하나님께서는 우리 부부에게 가슴 뛰는 비전을 주셨다. 바로 한국의 기독 교사들과 선교지의 기독 학교를 연결하는 일이었다. 많은 선교사님들께서 학교를 건축하시지만, 기독 교사 수급과 연수, 교육과정 수립에 어려움을 겪고 계셨다. 거기에 또 하나의 전환점이 된 사건이 있었다. 현지 학교에서 수업을 하는데 한 여학생이 뒤쪽에서 조용히 새끼손가락을 들어 보였다. 나도 상냥하게 웃으며 새끼손가락을 흔들어 주었다. 그랬더니 그 친구가 얼굴이 빨개지며 울음을 터뜨렸다. 인도에서 새끼손가락은 조용히 화장실에 가고 싶다는 뜻인데 내가 몰랐던 것이었다. 이날, '현지인 학생은 현지인 교사가 가장 잘 가르칠 수 있다'는 것을 깨달았다.

한국에 돌아와 이 비전을 선생님들께 나누고 교육 선교를 준비하던 중 유산을 하게 되었다. 주말 부부로 지내며 얻게 된 소중한 아기였다. 다시 임신을 계획할지, 인도 선교를 갈지를 놓고 기도했다. 남편과 함께 "자녀는 하나님께 맡기고 우리는 인도 선교를 하자"고 결정하였다. 임신으로 그토록 사명이라 여겼던 인도 선교사역을 쉽게 내려놓았던 것을 선생님들 앞에서 회개하며 고백했다. 그러자 당시 회원이 20명도 되지 않던 대전기독교사모임(현, 행복교실)에서 12명의 교사가 1기 사역에 동참하겠다고 나섰다. 이후 겨울 방학마다 기독교사 수련회를 열어 선교사들이 설립한 현지 기독학교 교사들에게 교육관, 교수법 등을 연수했다. 그리고 한인교회 캠프를 통해 선교사 자녀들을 만났다. 소속된 교회도, 학교도 다른 교사들이 그저 하나님이 주시는 마음 하나만으로 2011년부터 10년을 한결같이 섬기고 있다. 이렇게 귀한 사역에 보잘것없는 우리 가정이 마중물로 쓰임 받은 은혜가 그저 감사하기만 하다.

세대를 넘어 이어지는 비전

겨울마다 이어 온 인도 사역을 코로나로 인해 몇 년 쉬다 보니 간사하게도 몸이 편해졌다. 사역을 조금 더 미루고 싶었지만 하나님은 인도를 향한 마음을 부어 주셨고, 나는 순종하고자 했다. 제자훈련 중이었기에 훈련자님께 말씀을 드리니 지금은 훈련에 집중할 때이니 인도 선교는 훈련 이후로 미루라고 하셨다. 어안이 벙벙했다. 혼란스러운 마음으로 기도하며 하나님의 뜻을 구했다. 그러던 중 한 집사님께서 하신 "하나님께서 원하시는 순종은 이삭이 아니라 이삭을 바치려 한 아브라함의 믿음이었듯이 어쩌면 네가 인도에 가고자 한 결심까지가 하나님께서 원하시는 순종이었을지도 몰라"라는 말씀에 마음의 체기가 가시는 듯했다.

훈련자님께 허락을 받고 팀 사역 대신 당시 초등학교 5학년이던 아들과 인도 여행을 다녀왔다. 코로나로 많은 선교사들이 인도를 떠났고, 교회는 분열되어 있었다. 오랜 친구인 나의 방문을 기점으로 흩어진 사역자들이 한자리에 모였다. 쌓였던 오해를 풀고 서로 사과하며 앞으로 정기적으로 연합하는 모임을 갖겠다고 다짐했다. 7개의 학교가 연합하여 기독교사 수련회를 해야 하기에 팀이 오기 전, 하나님께서 먼저 준비시키셨구나 싶었다. 그런데 인도에서의 마지막 날 밤, 힘들다며 나를 깨운 아들은 열이 41도로 올라 있었다. 아침 일찍 현지인들로 가득한 작은 클리닉에 갔다. 하루 2시간, 의사가 동네마다 다니며 순회 진료를 하는 곳이었는데 장염이라고 했다. 약을 먹었지만 고열에 설사는 심해져만 갔고 결국 기저귀를 차고 비행기에 탔다. 인도에서 수고한 아들을 위해 경유지 방콕에서 여행을 하고 오려던 일정이었지만, 검사 결과 항생제 치료를 위해 일정을 모두 취소하고 방콕 병원에 3일을 입원해야만 했다.

얼마 전, 다시는 인도에 가지 않겠다던 아들이 인도에 또 가고 싶다고 했다. 이유를 물으니 인도에서 받았던 사랑이 너무 컸기 때문이며, 방콕 병원에서 엄마를 독차지하고 평소에는 금지된 스마트폰을 실컷 사용할 수 있었던 것도 행복했단다. 어찌되었든 인도 선교 사역에 두 자녀들이 서로 함께 가고 싶어 하니 세대를 넘어 이어지는 하나님의 크신 비전은 어디까지인지 놀랍기만 하다.

거저 주신 은혜, 덤으로 얻은 전문성

인도 선교를 하며 매해 그곳에서 강의를 해야 했다. 모두가 현직 교사로 시간 여유가 없기에 선교지에서는 '내가 가장 자신 있는 것'을 강의했다. 이를 위해 나를 포함한 선생님들은 한국에서도 열심히 연구 활동을 했고, 그 과정을 통해 우리는 성장할 수 있었다. 그러다 5년간 육아휴직을 하고 복직한 첫해, 여러 학교를 대표하여 공개수업을 하게 되었다. 아이가 어려 인도에 직접 가지는 못했지만, 선교팀을 도우며 귀동냥한 강의 준비 내용을 수업에 적용했더니 장학사님과 선생님들로부터 많은 칭찬과 함께, 상까지 받게 되었다. 선교를 했더니 덤으로 얻게 된 선물이었다.

인도라는 나라의 특성상, 사역을 하다 보면 없는 것은 만들고, 안 되는 것은 되게 하는 정신이 길러진다. 이렇게 길러진 정신으로, 교육상품몰에 장애이해교육 교구가 필요한데 시중에는 없으니 만들어 달라고 제안했다. 업체에서는 사업성도 없고 사례도 없으니 원한다면 직접 만들어 보라고 권했다. 그렇게 20여 개의 교구 아이디어를 업체에 제안했고 그중 하나인 점자 책갈피가 출시되었다. 경험도, 능력도 없던 내가 믿을 '백'은 '제자훈련반에서 만난 동역자들의 기도'였다. 사실 이 상품이 잘 팔릴 거라고는 예상하지 못했기에 소량만 제작했다가 이어지는 구매 요청으로 6차까지 품절과 입고를 반복했다. 이로 인해 나는 이 교육몰의 연말 행사에 초대되어 상도 받고, 인도교육 봉사 후원도 약속받았다. 하나님의 또 다른 큰 그림이었다.

사실 그해, 나는 학교에서 일어난 여러 가지 일들로 교직 생활 이후 가장 힘든 한 해를 보내고 있었다. 또한 제자훈련을 받으면서 엄마, 아내, 교사, 훈련생의 역할을 한 번에 해내느라 하루하루가 버거웠다. 이런 상황에서 하나님은 내가 한 번도 해보지 못한 일을 하게 하시면서 '네가 아니라 내가 한다'는 사실을 분명하게 보여 주셨다. 제자훈련을 받기 전 구름 기둥, 불기둥으로 인도하시겠다는 말씀을 믿고 순종하였더니 결코 내 힘만으로 계획하고 애써서는 갈 수 없는 길로 인도해 주셨다.

"그는 너희보다 먼저 그 길을 가시며 장막 칠 곳을 찾으시고 밤에는 불로, 낮에는 구름으로 너희가 갈 길을 지시하신 자이시니라"(신 1:33).

하나님의 큰 그림 속 퍼즐 한 조각

커다란 퍼즐을 완성하기 위해서는 반드시 작은 한 조각이 필요하다. 돌아보면 내 삶의 순간순간은 하나님 손에 들린 퍼즐 조각이었다. 이해되지 않아도 그저 말씀에 순종하면 하나님께서는 당신의 손으로 퍼즐의 자리를 찾아 거기에 나를 두시고 하나님의 그림을 완성해 오셨다. 주일 성수를 위해 학교 담장을 넘어 선생님 몰래 교회에 가던 여고생에게 교육선교사라는 비전을 주신 하나님. 함께 행복하기를 바라는 특수교사를 통해 장애인 가정을 회복시키고 구원하시는 하나님. 자녀를 하나님께 맡기고 순종한 부부를 통하여 수많은 교사들을 선교에 동참시키신 하나님. 하나님의 큰 그림 속 작은 퍼즐 한 조각이 되게 하심에 감사합니다. 할렐루야!

6

닳도록
쓰임 받는 기쁨

모세가 백성에게 이르되 너희는 두려워하지 말고 가만히 서서 여호와께서 오늘 너희를 위하여 행하시는 구원을 보라. 너희가 오늘 본 애굽 사람을 영원히 다시 보지 아니하리라. 여호와께서 너희를 위하여 싸우시리니 너희는 가만히 있을지니라_출애굽기 14:13-14.

김치원 새로남기독초등학교 교감

교대 졸업 이후 공립교사의 삶을 넘어 하나님의 인도하심에 따라 기독교 대안학교 교사의 길을 걷고 있다. 가정, 교회, 학교가 하나 된 교육 현장인 새로남기독학교에서 2014년부터 섬기고 있으며, 현재 초등 교감으로 믿음의 다음 세대를 세우는 교육선교사의 사명을 기쁨으로 감당하고 있다.

예상치 못한 하나님의 인도

1998년 고등학교 3학년 당시 대한민국은 IMF 상황이었다. 대학에 합격했지만 가정형편이 어려워 등록금을 내지 못했다. 돈을 버는 것이 우선이라는 생각에 배를 탈까도 생각하고, 직업학교에 가서 기술을 배울까도 생각했다. 하지만 부모님의 만류로 재수를 결정하고 다시 공부를 시작했다.

감사하게도 재수학원 입학 테스트에서 좋은 결과를 받아 서울대, 연고대 반에서 공부를 시작했다. 학비를 아껴야 할 상황이기에 근로장학생으로 일하면서 낮에는 수업이 끝날 때마다 칠판을 닦거나 수업 관련 문서를 출력했고, 야간 자율 학습 시간에는 문제집을 옮겼다. 공부할 시간이 절대적으로 부족한 상황에서 내가 할 수 있는 선택은 친구들이 잘 때 공부하고, 밥 먹고 휴식할 때 공부하는 방법밖에 없었다. 새벽 첫차를 타고 아무도 없는 교실에 가서 공부하고, 저녁에는 금식하고 근처 성당 기도실에서 친구들과 함께 기도했다. 절박함 가운데 의지할 것이 없던 내게 하나님은 요셉과 같이 꿈꾸게 하시고, 다니엘과 같이 주변 상황을 뛰어넘는 지혜와 담대함을 주셨다. 당연히 떨어져야 할 성적은 오히려 올랐고, 성적 장학금을 받아 부족했던 재정까지 채우시는 은혜를 경험했다. 매월 모의고사에서 좋은 점수를 받아 이대로라면 원하는 곳에 장학금을 받고 갈 수 있었다.

재수 기간을 하나님과 동행하며 어려움을 잘 지나왔고, 그 과정 가운데 주신 은혜도 있었기에 좋은 결과를 기대했다. 하지만 가장 자신 있던 과목에서 지금껏 받아 보지도 못한 점수가 나왔다. 하나님께 크게 실망하고 낙심했다. 더 이상 내가 할 것이 없다는 생각에 점수에 맞춰 대학에 지원했다. 동시에, 나라가 어려운 시기에 너도나도 공무원 시험을 준비할 때라 초등교사도 괜찮겠다 싶어 무슨 생각인지 지금껏 한 번도 가보지 않았던 대구, 그리고 교대에 원서를 던지듯이 넣었다. 이후 점수에 맞춰 지원한 대학에서는 합격 소식을 들었고, 교대는 추가 합격 예비 순위가 90번 대였다. 추가 합격이라는 결과에 교대는 머릿속에서 지웠다. 이제 대학도 합격했으니 하나님은 기억에서 사라졌다. 그저 재미있게 놀 생각으로 예비 신입생이 되어 동아리에 들어가 레크리에이션에 참여했다. 동기와 선배 들과 즐겁게 시간을 보내던 중 뜬금없이 아버지에게 연락이 왔다. 교대에 합격했다는 소식이었다.

2월 말, 개강 1주 전에 갑자기 교대에 합격했다는 사실이 실감이 나지 않았다. 다음 날 학교로 전화해서 물어보니 정말 합격이 맞았다. 학교 관계자는 이제 마지막 2명이 남았는데 연락한 1명과 나만 등록하면 마감이라고 했다. 그 당시 나라 분위기와 입시 상황을 생각하면 말이 안 되는 결과였다. 교대에 가지 않을 핑계를 찾기 위해 등록금이 얼마인지 물어 보니, 100만 원이 채 되지 않았다. 사립대를 다니면 1학기 이후 휴학하고 군대를 가야 할 형편이었는데 교대를 선택하면 1년 등록금과 자취할 재정까지 한 번에 해결될 상황이었다. 결국 교대를 가기로 결정했다. 하나님을 잊고 내 마음대로 살아 보려던 계획은 완전히 틀어져 버렸다. 하나님이, 낙심하며 겉으로 보이는 결과만 보고 대학을 선택한 나의 미련함을 사용하셔서 교대에 강권적으로 밀어 넣으셨다는 생각이 들었다. 한 치 앞을 예상할 수 없는 하나님의 인도하심을 경험하니 내 삶이 하나님의 주권 아래에 있음이 영혼에 깊이 새겨졌다. 이 경험은 추후 진로를 고민할 때 공립학교 교사의 삶을 뛰어넘어 하나님의 인도하심을 신뢰하며 두려움 없이 기독교 대안학교를 선택하는 바탕이 되었다.

"당신 꿈과 교육 철학은 다 놓고 가시라"

대구에서 섬기던 교회 담임목사님께서 대구 GMP(한국해외선교회 개척선교회) 이사로 계셔서 선교단체의 일을 도울 수 있는 기회를 주셨다. 개척선교학교에서 선교적 삶에 대해 배우고, 기본적인 선교 훈련을 진행하는 일이었다. 매주 강사로 오시는 선교사님을 통해 세계 열방 가운데 일하시는 하나님에 대해 들으며 새로운 눈이 열렸다. 이때 선교사 자녀,

MK(Missionary Kids)에 대해 알게 되었다. 대부분 MK들이 부모를 따라 낯선 해외 생활과 잦은 이동으로 돌봄, 정체성, 교육, 진로 등에 많은 어려움을 겪고 있었다. 특히 교육 부분에서 아이들은 현지 학교 적응이 쉽지 않고, 국제학교는 재정 부담이 커서 결국 홈스쿨링을 하는 경우가 많은데 이마저 현지 사역에 집중해야 하는 선교사님들에게는 버거운 상황이 많았다. 이를 위해 학생들에게 맞는 교육과정을 재구성하고, 지도할 수 있는 교육 전문가(MK선교사)가 절실하다는 소식에 마음이 뛰었다. 교육선교사로 현장에서 훈련받고 배울 수 있는 곳을 찾다가 기독교 대안학교로 마음의 방향을 옮겼다.

2012년 경기도 구리에 있는 밀알두레학교에서 기독교 대안학교 교사로 섬기게 되었다. 이듬해 대안학교 교사 수련회에 참석했는데 새로남기독학교 교사들도 참가했다. 교사 가운데 대학 때 섬겼던 IVF를 처음 개척한 선배님도 계셨다. 이후 자연스럽게 새로남기독학교에 대해 들었고, 자녀 출산과 맞물려 대전으로 오게 되었다. 당시 고(故) 정기원 교장 선생님께서 나에게 어떤 마음으로 새로남기독학교에 가는지 물어보셨다. 나의 꿈과 나름의 교육 철학을 이야기드렸다. 교장 선생님은 내 말을 들으시고는 지금 말한 것을 다 놓고 가라고 하셨다. 이제부터는 새로남기독학교의 철학과 가치를 나의 교육 철학으로 삼고, 그것을 이루는 것을 사명으로 생각하라고 하셨다. 자칫 대안학교에 있다는 것을 마음의 훈장으로 여기거나 하나님 앞에 더 드린다는 착각에 빠져 나를 주장하지 말라고 하셨다. 말씀을 듣고선 마음에 큰 충격을 받았다. 순종이 가장 중요함을 깨달았다. 새로남기독학교에서 근무를 시작하며 하나님의 말씀에 순종하기로 결심했다.

리더가 가져야 할 결심

기독학교에서 학생들 사이에 나는 조금 무서운 교사로 소문이 나 있었다. 저학년 복도를 그냥 지나갈 뿐인데 아이들은 내 이름을 부르며 교실로 들어가기도 하고, 어느 해에는 내가 담임이 되었다는 말을 듣고선 올해 망했다는 생각에 집에서 운 학생이 여럿 있다는 말도 들었다. 호랑이 선생님 타이틀이 나름 억울하기도 하지만 이렇게 시작한 학생들이 학년을 마무리할 때쯤 되면 "내년에 6학년 또 하실 거죠?"라고 묻는다. 왜 그런지 반문하면 "후배들도 졸업하기 전에 선생님 한 번 경험해 봐야 정신 차린다"며 은근히 좋아한다. 1년을 함께 웃고 울며, 서로를 이해하는 한마음을 가진 공동체가 된 학생들을 생각하면 뿌듯하고 감사했다. 교실에서 학생들과 함께하는 시간이 그저 행복하고 좋았다.

어느 날 교장 선생님께서 다음 해 교무부장을 맡는 것이 어떤지 물으셨다. 원하지 않는데 억지로 시킬 마음은 없다고 하셔서 나는 기도해 보겠다고 답했다. 생각할수록 내가 하기에는 역부족이었고 교실에 계속 남고 싶었다. 왠지 다시 교실로 돌아갈 수 없을 것 같아 슬픈 마음도 들었다. 하지만 기독학교 올 때 주신 첫 마음대로 학교를 위해 쓰임 받는 것이 은혜라는 응답을 주셨다. 그리고 하나님을 사랑하는 교장 선생님을 신뢰하기에 순종할 수 있었다. 교무부장으로 섬기면서 학교 여러 일들의 진행 과정에 참여하며 중요한 순간에 앞서 세워진 리더들이 어떻게 결정하는지 보고 배울 수 있었다. 교실에서 학생들을 볼 때와 달리 학교의 미래와 방향에 대해서도 고민하게 되었다. 한 가지를 결정하더라도 학생, 학부모, 교사, 학교의 교육 철학까지 함께 고려해야 하기에 쉽지 않았다. 나의 기질과 다르게 앞에 서야 할 일도 많았고, 쓴소리를 하거나 오해에 침묵하며 인내해야 하는 일들도 있었다. 직분이 주는 무게와 책임감으로 마음이 어렵고 지쳐서 내려놓고 싶을 때가 있었다.

교장 선생님께서 언젠가 국제제자훈련원에서 나온 〈Disciple〉이라는 잡지를 2권 주셨다. "새로남교회의 부임과 사역의 과정, 기독학교 설립에 대한 이야기"가 실려 있었다. 새로남교회의 역사와 기독학교에 대해 알려 주기 위해 주신 줄 알고 가볍게 보다가 한 부분에서 더 이상 넘어가지 못했다. 여기에는 오정호 목사님과 사모이신 교장 선생님께서 교회에 부임하고 나서 세우신 네 가지 결심이 있었다. 첫째, 죽기까지 충성하고 주님의 음성이 들릴 때까지 움직이지 않는다. 둘째, 아무리 힘들어도 성도에게 토로하지 않는다. 셋째, 목회자의 상한 마음을 설교에 담아 양 떼에게 먹이지 않는다. 넷째, 결코 양 떼를 편애하지 않는다. 이 결심을 하기까지 어떤 마음이었을지 다 짐작할 수 없지만 두 분이 얼마나 교회를 사랑하는지 느껴졌다. 그리고 예수님이 생각나서 눈물이 많이 났다. 학교 리더로 섬기면서 내가 있어야 할 자리가 아닌 것 같고, 버겁다는 생각이 들었는데 예수님과 십자가를 생각해 보니 이건 아무것도 아니었다. 또한 순종으로 그 길을 걸어 온 믿음의 증인들을 곁에서 볼 수 있다는 것은 큰 힘과 위로가 되었다. 지금 이 글을 쓰는 시점에는 교감으로 섬기고 있다. 직분으로 보면 높아진 것 같으나 섬김의 수준은 더 깊고 예민해져야 하는 위치에 있다. 실수하면 죄송하다고 고백하고, 좌충우돌하며 하나님의 은혜로 매일을 살아가고 있다.

학생을 통해 받는 AS(After Service)

누가 나에게 새로남기독학교에서 근무하면 좋은 점이 무엇인지 묻는다면 고민하지 않고 '한 사람이 예수님의 제자로 세워지는 모습을 보는 것'이라고 답할 것이다. 공립의 경우, 5년이면 대부분 다른 학교로 전보를 가야 한다. 동료 교사는 다시 볼 수 있지만 제자들의 경우 다시 보기 쉽지 않다. 연락이 닿더라도 부모님과의 관계 등 여러모로 고민해야 할 것들이 많다. 하지만 새로남기독학교는 초등부터 고등까지 하나의 과정으로 연결되어 있어서 학생들이 성장하는 모습을 곁에서 계속 지켜볼 수 있다. 부모님과도 학생을 위해 기도하는 동역 관계로 세워져 있기에 시간이 지나서도 연락하고 대화하는 것이 어색하지 않다.

2023년 2월 겨울, 첫 졸업생들이 대학교 1학년을 마칠 때 다시 만났다. 부득이한 상황을 제외하고 학생들이 대부분 모였다. 대학생이 된 제자들을 만나니 감회가 새로웠다. 식사하며 서로의 근황을 나누며, 초등학생 때로 돌아가 즐거운 시간을 보냈다. 타지로 유학 가는 학생, 군 입대를 앞둔 학생, 다시 공부하며 발표를 기다리는 학생 등 다양한 상황과 기도제목을 나누고 앞으로도 믿음의 공동체로 계속 서 가길 기도했다. 대한민국에서 이렇게 제자들과 함께 교제할 수 있는 초등교사가 몇이나 있을까? 기독학교에 있지 않았다면 불가능한 일이다.

2023년 8월에는 기독학교에 부임한 첫해 초등 1학년 담임으로 만났던 학생들과 컴패션 탄자니아 비전트립을 함께

할 기회를 학교에서 주셨다. 9년이 지나 고등 10학년이 된 학생들을 다시 만난다는 생각에 많이 긴장되어 떨리고, 기대되었다. 학생들이 워낙 '텐션이 높다'는 말을 듣고선 MBTI에서 'I'(내향성) 성향인 내가 잘 적응할 수 있을까 내심 걱정되었다. 학생들은 정말 소문대로 비전트립 내내 대화가 끊어진 적이 없을 정도로 에너지와 열정이 넘쳤다. 현지 어린이 센터를 방문해서 섬길 때는 마치 은퇴 전 마지막 경기를 앞둔 국가대표와 같이 찬양과 워십댄스로 최선을 다했다. 순간에 집중하여 온 마음과 힘을 다한 이후 체력이 소진되어 쓰러질 뻔한 학생도 있었다. 하지만 잠시 쉬고 오뚝이처럼 일어나 현지 학생들에게 거리낌없이 다가서고 함께하는 모습을 보며 진한 감동과 왠지 모를 부러움을 느꼈다.

저녁집회에서 학생들은 명확하지 않은 꿈과 진로 가운데 고민하면서도 하나같이 하나님께 쓰임 받고 싶은 갈망을 고백하고 있었다. 학생들의 틈 속에서 교육선교사로 하나님께 쓰임 받기를 소망하던 때가 떠올랐다. 그리고 새로남기독학교에서 10년을 지내 온 지금의 나는 어떠한지 생각해 보았다. 하나님께서 비전트립을 통해 내게 무엇을 보여 주시려는지 여행 내내 계속 물었다. 그 답을 한국으로 떠나기 전 학생들의 마지막 간증 속에서 찾았다. 비전트립 전 자신의 부족한 모습에 흔들리던 학생들은 하나님을 신뢰하고 기대하는 모

습으로 바뀌어 있었다. 하나님으로 인해 삶의 물음표를 느낌
표로 바꾸었기에 흔들리지 않는 반석 위에 서 있는 것 같았
다. 간증을 들으며 여행 동안 느꼈던 왠지 모를 부러움은 나
도 이들과 같이 '닳도록 쓰임 받고 싶다'는 갈망이었다. 학생
들의 모습 속에서 한 영혼을 위해 생명도 아끼지 않고 자신
을 십자가에 던지신 예수님, 그 여정을 기쁨과 즐거움으로 감
당하신 예수님, 무엇보다 이 일을 나와 함께하고 싶어 하신
예수님을 보았다. 비전트립 동안 수많은 예수님께 둘러싸여
감격하고 감사한 것이 내가 한 전부이다.

학생들은 새로남기독학교를 정말 사랑한다. 초등학생들
은 학교가 좋아서 방학이 없으면 좋겠다고 한다. 교사 입장에
서는 가슴이 철렁할 일이지만 한편으로 학교를 사랑해 주니
감사할 뿐이다. 중등 졸업 당시 고등과정이 없어 부득이하게
일반 학교로 갔던 학생은 좋은 성적으로 받은 장학금 전부를
학교를 위해 드리고 싶다고 찾아왔다. 이외에도 시험이 끝나
면 찾아오고, 스승의 날에도 찾아온다. 대학생이 된 선배들은
방학이 되면 초등 캠프에 와서 한참 어린 후배들을 돌보고
수업으로 가르친다.

교육선교사의 사역은 씨를 뿌리는 일로만 생각했는데 하
나님은 수많은 열매를 보게 하셨다. '한 사람이 예수님의 제
자로 세워지는 것'에는 나도 포함되어 있다. 씨를 뿌림과 동

시에 학생들과 함께 나도 자라 가고 있다. 기독학교 안에는 지면에 다 기록할 수 없을 정도로 하나님의 일하심에 대한 수많은 간증과 은혜가 넘쳐난다. 하나님은 교육선교사로 더 힘 있게 살아갈 수 있도록 학생들을 통해 늘 새 힘을 주셨다. 기독학교에는 하나님께 '닳도록 쓰임 받는 기쁨'이 넘친다.

묘목에서 거목으로

새로남기독학교가 세워진 지 11년이 되었다. 여기까지 올 수 있었던 것은 아낌없는 기도와 헌신을 아끼지 않는 새로남교회와 성도들, 하늘의 은혜를 사모하며 자기를 돌보지 않고 학생들을 뜨겁게 사랑하는 교직원들, 학교의 부족함을 은혜의 눈으로 덮고 지지하며 격려해 주시는 학부모님들이 계셨기 때문이다. 하나님은 이 모든 것을 사용하셔서 새로남기독학교라는 작은 묘목을 이제는 많은 영혼이 깃들고, 대전을 넘어 대한민국을 살리는 영적 사관학교이자 거목으로 자라게 하셨다. 하늘에 계신 거룩한 하나님 아버지의 뜻이 새로남기독학교를 통해 이 땅에서도 이뤄지길 간절히 소망한다. 이 모든 것을 시작하고 이뤄 가시는 하나님께 오직 영광을 올려 드린다.

따라 읽는 교육자 기도문 _유치원·초등학교

유치원·초등학교 교사, 학생, 학부모를 위해 기도해 주세요.
다음 기도문을 따라 읽으며 기도합니다.

교육자를 위해 기도합니다

교육 현장에서 우리 선생님들이 사명감을 가지고 아이들
을 주님의 사랑으로 양육하고 있습니다. 선생님들에게 영
육 간의 강건함을 허락하시고, 성경의 말씀대로 가르칠 수
있도록 도와주세요.

학생을 위해 기도합니다

어두워져만 가는 이 시대에 빛과 소금의 역할을 감당하는
그리스도의 참된 제자가 될 수 있도록 우리나라의 학생들
을 지켜 주세요.

학부모를 위해 기도합니다

세상의 문화에 휩쓸려 돈과 명예를 좇아가는 것이 아니라
주께서 보여 주신 그 길을 모범적으로 살아가는 부모님이
되게 도와주세요. 그리스도의 복된 가정을 이루어 아이들
을 잘 양육하는 참된 부모님이 되게 인도해 주세요.

7

작은 풀꽃에게 눈 맞춰
인사함이 백번 옳다

너희 안에서 착한 일을 시작하신 이가 그리스도 예수의
날까지 이루실 줄을 우리는 확신하노라_빌립보서 1:6.

장재훈 前 탄천중학교 교사

공주대학교에서 역사 교육학을 전공하고, 한국교원대학교에서 사회과 교육학
석사를 마쳤다. 충남 원이중학교를 시작으로 37년간 중학교에서 역사와 사회
교과를 가르쳤으며, 교육부와 아시아태평양국제이해교육원(APSEIU)이 주관
한 다문화가정 대상국가와 교육교류 활동을 하였다. 현재 다문화 사회 전문가
와 한국어 교사가 되기 위해 준비 중이며, 세종시교육청 역사 수업 지원 강사로
활동하고 있다.

몽골에 핀 나태주의 '풀꽃'

"선생님, 선생님의 풀꽃 시를 몽골어로 번역하여 몽골에 있는 학생들에게 가르치고 싶은데 허락해 주실 수 있나요?"

장재훈 드림

"멀리 낯선 곳에 계시는군요. 그곳에서도 여전히 학생들과 만나 교육사업에 힘쓰고 있을뿐더러 우리의 글인 한글을 가르치고 계시는군요. 더구나 제 졸시(拙詩) 풀꽃을 학생들에게 가르쳐 주신다니 감사하고 감동이 아닐 수 없군요."

나태주 드림

2018년 봄 나는 교육부와 유네스코 아시아태평양국제이해교육원(APSEIU)이 주관하는 다문화가정 대상 국가와의 교육 교류 사업으로 몽골 울란바토르에서 생활하고 있었다. 어느 날 학생들이 운동장에서 뛰어노는 모습이 무척 예뻐 보여 몽골 학생들에게 나태주 시인의 시 "풀꽃"을 가르치고 싶은 생각이 들었다. 여러 해 전 무령왕 국제 네트워크협의회를 통해 알게 된 나태주 시인은 이를 흔쾌히 허락할 뿐 아니라 자신의 시를 텍스트 파일로 보내 주면서 마음껏 사용하라고 하셨다. 게다가 몽골 청소년들에게 행복을 주제로 한 격려의 글까지 직접 작성하여 주었다. 몽골인 통역사와 나는 몽골어로 번역한 시 8편과 한글 시 46편을 모아 2개 언어(몽골어-한국어) 시집인 《Талын цэцэг》(풀꽃)을 출판하였다. 때마침 충남 공주의 한 국어 선생님이 보내 준 후원금 1,000달러로 날개를 단 풀꽃 시집을 울란바토르 58번 학교 학생과 몽골 교육부 관계자 그리고 몽골의 여러 학교 선생님 들에게 전달하였다.

이 시들 중에 나는 "풀꽃"도 좋았지만 "꽃들아 안녕"이 더욱 마음에 들었다.

꽃들에게 인사할 때 꽃들아 안녕!/ 전체 꽃들에게 한꺼번에 인사를 해서는 안 된다/ 꽃송이 하나하나에게 눈을 맞추며 꽃들아 안녕! 안녕!/ 그렇게 인사함이 백번 옳다

나는 교직 생활을 하면서 연약하고, 자신감 없는 학생들을 더 많은 관심과 애정을 갖고 대했다. 상한 갈대를 꺾지 아니하며 꺼져 가는 등불을 끄지 않으시는 주님의 마음을 생각해서다. 이런 내 마음을 이 시가 대신 말해 주는 듯했다. 나는 몽골에서 수업 시간에 학급의 30여 명 한 학생, 한 학생의 눈을 마주하면서 '세노(안녕)', '세노' 하며 인사했다. 그때 나의 마음은 파르르 떨렸고, 몽골 아이들은 맑고 신비로운 눈빛으로 나를 바라보았다.

그 시절 몽골의 한인 교회와 선교사님들과의 교제도 매우 특별한 추억이었다. 12년간 안식년은커녕 안식월도 갖지 못했다는 어느 선교사님의 소식을 전했을 때, 새로남교회 비전 중등부 선생님들이 그분을 위한 격려 헌금을 보내 주셨다. 한 선생님은 초등학교 시절 교회에서 무료로 먹었던 빵이 생각난다며 간식비를 보내 주신 감동적인 일도 있었다. 교육 교류 사업에 함께 참여하였던 한 선생님은 "나는 하나님을 믿진 않는데, 장 선생님과 주변에서 일어나는 일들을 보니 하나님이 살아 계신 것 같아요"라고 말하며 주님께 영광을 돌리기도 하였다. '어워'(우리의 서낭당과 비슷함) 신앙과 라마 불교, 그리고 유목 문화가 일상을 이끌어 가는 몽골에서 머문 100여 일은 몽골의 복음화를 위해 기도하였던 은혜로운 시간이었다.

'상마지눈' 집안에서 신앙의 1세대로

나는 현대사의 격변기인 1961년 충남 연기군의 평범한 농촌 가정에서 태어나 '상마지눈 상마지눈…' 주문을 자주 외우시던 할머니 밑에서 어린 시절을 보냈다. 이 주문을 절에서 배워 오셨는지 아니면 무당이 가르쳐 주었는지 잘 모르겠다(최근 검색한 결과 상마지눈은 불교에서 사용되는 신성한 주문으로 수행자의 깨달음과 해탈을 돕는 역할을 한다고 한다). 아버지가 용산 철도역에 근무하셨기에 부모님은 경기도 부천에 사셨지만, 경제적 형편이 넉넉지 못하여 나는 초등학교를 마칠 때까지 조부모님 밑에서 생활한 것이었다. 할머니는 정기적으로 절에 다니시며 시루떡과 정화수 아래에서 기도하였고, 집안에 환자나 우환이 있을 때는 무당을 초청하여 굿을 하였다. 굿판의 하이라이트는 무당이 집안에서 북을 치고 할머니는 사시나무를 들고 동네를 한 바퀴 돌아오는 일이었다. 나는 신기해하며 사시나무가 이끄는 대로 행진하시는 할머니 뒤를 쫓아다녔던 기억이 있다.

이런 불신앙의 가정에 하나님께서는 나와 작은누님을 신앙의 1세대로 세워 주셨다. 나는 1982년 가을에 예수님을 만났다. 그동안은 양심을 지키며 선한 일을 하면 된다는 도덕관을 갖고 있었는데 내 속에는 선한 것도 없고, 양심을 지킬 수도 없어 비참함을 느끼며 방황하던 대학 3학년 시절이었다. 부천의 한 신축 병원에서 아르바이트 파트너로 1년 선배를 만났다. 방황하던 나와는 달리 그 선배는 너무나 행복해 보이고 얼굴에 기쁨이 가득하였다. 그 선배는 대학생도 아니었고, 한쪽 눈을 실명한 아픔이 있었는데도 말이다. 세상의 기준으로 보면 내가 더 행복하고 더 기뻐해야 했는데 그렇지 않았다. 얼마 뒤 선배의 그런 모습은 그가 믿는 예수님 때문이라는 사실을 알게 되었다. 그 후 나는 기독교에 궁금증을 품고 공주에 있는 기독교 서점을 방문하였다. 기독교 입문서를 찾고자 함이었다. 그날 주님께서는 역사교육과 지도교수인 윤수현 선생님을 만나게 하셨으며, 나는 그분의 인도로 캠퍼스에서 진행되는 로마서 성경공부 모임에 참석하게 되었다. 성경공부를 통해 주님께서는 나의 죄인 됨과 예수 그리스도의 대속(代贖) 그리고 믿음으로 구원을 얻음을 일깨우셨다. 나는 예수님을 나의 구주와 주님으로 영접하였다. 대학생 선교단체인 한사랑선교회를 통해서였다. 그때부터 주님은 내가 주님의 제자이자 기독 교사로서의 부름에 합당한 삶을 살도록 준비시켜 주셨다. 선생님은 "너희 안에서 착한 일을 시작하신 이가 그리스도 예수의 날까지 이루실 줄을 우리는 확신하노라"(빌 1:6)는 말씀과 함께 신앙 서적을 선물로 주셨다.

유교와 불교 그리고 샤머니즘의 신앙적 배경을 가진 가정에서 1세대 신앙인으로 가족을 전도하는 일은 무척이나 험난한 여정이었다. 계란으로 바위를 치는 심정이었다. 어느 날 새벽 고향에 있는 노송교회에서 가족 구원을 위해 간절히 기도할 때 주님은 "아브라함이 바랄 수 없는 중에 바라고 믿었으니 이는 네 후손이 이같으리라 하신 말씀대로 많은 민족의 조상이 되게 하려 하심이라"(롬 4:18)는 말씀으로 위로해 주셨다. 주님은 30여 년간의 나의 간구에 응답하시어 할머니와 어머니로부터 시작하여 많은 가족이 예수님을 영접하는 놀라운 은혜를 주셨다. 할렐루야! 기나긴 시간 가족들을 위해 낙심치 않고 기도할 수 있었던 것은 그날 새벽에 주신 약속의 말씀 때문이었다. 이를 통해 주님은 나를 더욱 단단한 기독교사로 성장시키셨으며, 내게 다가오는 학생들을 사랑으로 맞이하도록 준비시켜 주셨다.

내가 아빠가 되어 줄게!

1987년 태안 원이중학교에서 그토록 바라던 교사로 첫발을 내디뎠다. 이 학교에서 옆 반 담임교사였던 믿음의 아내를 만나 행복한 가정을 이루었다. 1988년 서울올림픽 개막식 날 학교 운동장 가에서 "당신은 내 뼈 중의 뼈요, 살 중의 살입니다"(창 2:23)라고 전한 나의 프러포즈를 아내는 지금도 마음 설레어 한다. 주님은 부부 교사인 우리 가정에 예쁜 두 딸도 선물로 주셨다. 교직을 시작하면서 나는 '역사 교과를 잘 가르치는 교사'이자 '청소년들이 다가오는 황금 어장인 학교에서 복음을 전하는 기독 교사'가 되겠다는 사명을 마음에 품었다. 이를 위해 학교를 옮길 때마다 믿음의 동역자 선생님들과 함께 기독 학생반을 지도하였고 지역 교회에서는 주일학교 중·고등부 성경 교사로 봉사하였다.

2012년 논산 연무읍에 소재한 연무중학교에서 근무할 때였다. 두란노 아버지학교와 충청남도교육청이 공동으로 주최한 아버지학교에 우리 반 민서와 함께 참여하였다. 그림 그리기를 좋아했던 민서는 보육원에서 생활하는 친구였기에 담임교사인 내가 '1일 아빠'가 되어 참가하였다. 진행되는 프로그램 중에 자녀가 자기 부모님의 발을 씻겨 주는 세족식 순서가 되었다. 민서는 가녀린 손으로 나의 두 발을 정성스럽게 씻겨 주었다. 그때 나의 마음속에서 억제할 수 없는 떨림이 솟아올랐다. 나는 그 아이를 가슴 깊이 안아 주었다. 서로에게 편지를 쓰는 시간에 '내가 민서의 1일 아빠가 되어 줄게!'라고 쓴다는 게 '내가 민서의 아빠가 되어 줄게!'라고 썼다. 그 일이 있은 다음에 민서와 함께했던 많은 시간들은 나의 교직 생활에서 기억에 남는 큰 기쁨 중 하나였다.

'하나님은 왜 나를 역사 교사로 부르셨을까?'를 고민한 결과 2007년부터 '역사 교육 현장학습 프로그램의 개발과 적용을 통해 학생들이 역사적 사고력을 갖춘 주체자가 되도록 한다'라는 새로운 비전을 품고 역사 현장 체험학습을 시작하였다. 시골 학생들은 도시 학생들보다 부모님과 여행하는 경험이 적었기에 1년에 5회 놀토(그 당시에는 토요일 격주 휴무였다)에 진행하는 역사 기행은 정말 인기가 많았다. 지원자가 너무 많아 신청서를 접수하는 날엔 학생들이 새벽 일찍부터 등교해 줄을 서서 기다리기도 하였다. '다문화 프렌드십(Cross-Cultural

Friendship) 함양을 위한 역사·문화 기행'이라는 주제로, 연세대학교-광혜원 터-양화진 외국인 선교사 묘원, 인천 차이나타운-월미도 한국이민사박물관, 국립중앙박물관-이태원 거리-이슬람 사원, 안동 도산서원-하회 마을로 진행된 코스는 인기 있는 여정 중 하나였다. 역사 현장 체험학습은 '현장에 영감(靈感) 있다'라는 모토 아래 진행되는데, 이 과정에 참여한 학생들의 생각이 자라고 역사적 사고력이 성숙해 가는 모습을 보는 것은 역사 교사로서 큰 보람이었다. "역사 기행에 참가함으로써 이전에 TV를 보며 부러워했던 역사 기행을 마음껏 즐길 수 있었다. 참여하는 동안 즐거웠고, 감동하고, 기쁨을 나눌 수 있었으며 뜻깊은 경험이 무엇인지 알게 되었다"는 소감을 작성한 친구도 있었다.

기독 교사로 새로운 비전을 품게 된 계기는 2011년 교사 연구년을 맞아 다녀온 캄보디아 배낭여행이었다. 그 당시 절친한 후배인 노경수 선생님이 '캄보디아 학교 세우기 모임'이라는 NGO단체를 만들고 그 결실로 프놈펜 근교에 쁘렉농 희망학교가 세워졌다. 이 학교를 운영하기 위해 두 부부 선생님이 파견되었는데 그분들은 충남의 초등학교에서 오랫동안 교육 활동을 하다가 명예퇴직을 하고 제2의 인생을 캄보디아에서 교육선교사로 활동하는 중이었다. 퇴직 후의 편안한 삶을 뒤로하고 소외된 지역의 학생 교육과 복음 전파를 위해 헌신하는 그분들과 교제를 나누며 나는 저개발국가 청소년들을 향한 교육 봉사의 비전을 갖게 되었다.

와, 이거 우리 엄마 나라 옷이네요?!

　2018년 여름 몽골에서 교육 활동을 마치고 충남 공주에 있는 탄천중학교에 부임하였다. 등교 첫날 몽골에서 선물받은 몽골 전통 의상을 입고 복도를 지나갈 때였다. 한 초등학생이 "와, 이거 우리 엄마 나라 옷이네요?!"라고 말하는 것이 아닌가? 그 순간 '와우, 하나님께서 나의 마지막 학교로 다문화가정 학생이 많은 이 학교로 보내셨군요!'라는 생각으로 온몸에 전율이 일었다. 이 학교는 농촌 인구가 줄면서 초등학교와 중학교가 통합되어 다문화가정 학생 비율이 50%가 넘었다. 그 속에서 안타까운 현상을 발견했다. 주로 어머니가 결혼 이민자였는데 학생들이 어머니 나라에 대한 자긍심이 하나도 없다는 사실이었다. 나는 몽골에서 얻은 경험을 바탕으로 몽골, 베트남, 캄보디아 다문화가정 학생들에게 '어머니 나라에 자긍심 갖기 프로젝트'를 진행하였다. 어머니 나라의 말과 한국어로 진행하는 교내 이중언어 말하기 대회, 다문화 현장 체험학습, 베트남어와 몽골어로 진행하는 이중언어 방과후학교 등이었다. 지난해에는 교육부와 아시아태평양국제이해교육원 사업으로 몽골 교사 2명을 초청하여 3개월간 몽골 문화를 배우는 교육 교류 활동을 진행하였다. 여러 활동 중에 학생들의 눈이 가장 반짝거렸던 시간은 몽골 학생들과 함께한 온라인 공동수업이었다. 몽골 학생들은 마두금 연주와 자신의 비전을 발표하였고, 우리 학생들은 K-pop 댄스와 한국 문화를 발표하였다. 이 같은 여러 사업으로 어머니 나라에 대한 학생들의 자긍심과 관심이 자라나게 되었다. 한 학생은 자원하여 교육청에서 개최한 이중언어 말하기 대회에 몽골어와 한국어로 참가하였으며, 또 다른 학생은 자신도 몽골 선생님들처럼 청소년들에게 꿈을 심어 주는 교사가 되고 싶다고 고백하였다. 참으로 감사한 일이었다. 학생들은 이제 다문화 프렌드십을 넘어 한국과 어머니 나라를 연결하는 글로벌 브리지(Global Bridge)로 자라 갈 꿈을 그리게 되었다. 주님께서는 내가 마지막으로 근무한 학교에서 교육적 혜택에서 멀어진 풀꽃들을 바라보게 하시고, 하나하나의 이름을 부르게 하셨다.

또 다른 풀꽃과의 만남을 향하여

나는 올 2월에 37년의 교사 생활을 마치고 정년퇴임을 하였다. 할렐루야! 내 안에서 착한 일을 시작하신 주님께서 나를 여기까지 인도하셨음에 감사드린다. "인생에서 제일 좋고 행복한 나이는 60에서 75세까지이고, 성장하는 동안은 늙지 않는다", "내가 90세까지 건강하게 살 수 있다는 것을 알았다면 은퇴 후 30년을 허송세월로 보내지 않았을 것이다"라는 인생 선배들의 조언이 후반전의 삶을 준비하는 내게 깊은 울림으로 다가온다.

최근에 만난 대전 시니어선교회와 아름다운 한글학교 활동 그리고 건양사이버대학교 다문화 한국어과 공부를 통해 주님께서 나의 길을 인도해 주실 것이라 확신한다. "보라, 내가 새 일을 행하리니 이제 나타낼 것이라. 반드시 내가 광야에 길을 사막에 강을 내리니"(사 43:19)라는 어느 날 아침의 큐티 말씀과 '내게 있는 교육 자산을 교육 혜택이 필요한 청소년들을 위해 전제로 드린다'라는 새로운 비전이 나의 삶을 이끌어 갈 것이다. 나의 몽골 통역사는 풀꽃을 들꽃이라 번역하였다. 몽골에서 풀은 가축들의 먹이이기 때문이었다. 이렇듯 나라마다 문화는 서로 달라도, 자세히 보아야 예쁘고 오래 보아야 사랑스러운 풀꽃들이 있다. 이제 나는 새로운 길을 걸으려 한다. 이름 없이 자라는 작고 여린 풀꽃들을 만나러 말이다. 내게 있는 교육 자산과 그들에게 필요한 예수님의 사랑을 가지고 가려 한다.

8

실수는
아이들의 특권이다

네 하나님 여호와는 하나님이시요 신실하신 하나님
이시라. 그를 사랑하고 그의 계명을 지키는 자에게는
천 대까지 그의 언약을 이행하시며 인애를 베푸시되
_신명기 7:9.

이상희 前 대전어은중학교 교사

이화여자대학교 교육학과 졸업, 서강대학교 교육대학원 교육공학과 석사. 서울 예일여자상업고등학교에서 교편을 잡기 시작하여 언북중, 증산중, 대전동화중, 대전관평중, 대전어은중에서 교사로 봉직하다가 2024년 2월 명예퇴직했다. 다음 세대가 험한 세상에 물들지 않고 악의 유혹에 빠지지 않도록 주님의 말씀을 기반으로 건전한 가치관을 정립하는 데 일조하고자 각종 중독 예방과 올바른 인권에 관해 공부하고 있다.

리베이트가 뭐지?

우리 세대 여학생들 80% 이상의 장래희망이 교사였듯 나 또한 교사가 되는 것이 꿈이었다. 그러나 대학교 졸업 후에 교사의 길과는 전혀 다른 항공화물서비스 회사에 취직했다. 순진하게 학교와 집을 오가며 생활하던 나에게 학교 밖 세상은 내 상식과는 다른 세계였다. 가짜 영수증, 리베이트 같은 부정적 용어들을 처음으로 알게 되었고, 직원들과 형성된 관계의 기반도 정직, 신뢰와는 거리가 멀었다. 직장생활의 현실과 이상이 너무 동떨어져 기쁨과 보람을 느낄 수 없었다. 그러던 중 우연히 만난 고등학교 은사님으로부터 모교 재단에서 교사를 임용한다는 소식을 듣고 응시하였다. 지원자들이 많다 보니 밤늦게까지 수업 시연을 하게 되었고, 주님의 은혜로 교직의 길에 들어서게 되었다.

종례 시간에 영어로 주기도문을?

부푼 꿈과 설레는 마음으로 교사가 되었으나 현실은 만만치 않았다. 사립 여자상업고등학교였기 때문에 관리자의 눈치를 살펴야 했고 당시 어린 나이였기에 모든 것이 무서웠다. 학급 조례를 하러 교실을 향해 걸어가면서 '오늘은 빈자리가 얼마나 될까?' 하는 생각에 교실 문을 열기가 두려웠다.

아파서 결석하기도 하지만 가출하거나 학교 가기 싫어서 무단으로 등교하지 않는 학생들도 많아 하루에 7명 정도가 결석하기도 했다. 어려운 가정환경으로 인해 흡연이나 음주를 하는 경우도 많았고 지각이나 결석은 아이들에게 일상이었다.

기본적으로 학생들이 학업에 관심이 없었기에 영어를 더욱 어려워했다. 이런 아이들에게 종례 후에 영어로 주기도문을 암송해 보자고 제안했다. 불가능하다고 생각하는 학생들에게 하루에 한두 어절씩 가르치며 암송하기 시작했다. 첫날에 'Our Father in heaven'까지 반복해 10번 정도 함께 외우고, 다음 날에는 'Our Father in heaven hollowed be your name'까지 연결해서 외우는 식으로 거의 2주일 동안 종례 때마다 반복했더니 결국 우리 반 아이들 입에서 자연스럽게 주기도문이 나오게 되었다. 자기들도 영어로 하니까 뿌듯한지 주기도문 외우기를 좋아했다. 심지어는 소풍이나 야외 활동을 하고 마칠 때에도 주기도문을 하자고 제안했다. 많은 사람이 지나다니는 야외에서 우리 반 아이들은 종례 대신 영어로 주기도문을 암송했다. 점점 크게 외우다가 마지막 '아멘'에서는 절정을 이루었다. 지나가는 사람들이 의아하게 쳐다보는데도 아랑곳하지 않고 엄청 뿌듯해하면서 신나게 외쳤다. 아이들은 별 의미 없이 영어를 암송하는 것으로 생각했겠지만 이렇게라도 주기도문을 매일 함께하며 주님께 영광 돌릴 수 있음이 매우 기쁘고 감사했다. 그나마 미션스쿨이었기에 종례 시간에 기도나 주기도문을 자연스럽게 전할 수 있었다. 그렇지만 공립중학교에 와서 공식적으로 기도하기는 어려운 일이었다. 다행히도 "선생님이 너희를 위해 기도해 줘도 괜찮겠니? 그냥 잠시 눈만 감으면 돼"라고 얘기하고 아이들과 가족을 위해 기도해 주면 거부감을 갖는 아이들은 거의 없었다. 주말마다 종례 시간에 기도하고 가정으로 돌려보내면 내 마음이 편안했고 학생들도 좋아했다. 그러나 지금은 그것조차 문제가 되는 시대로 변한 것이 너무도 안타깝다.

대전까지 이끄신 주님의 계획

돌아보면 서울 사립고등학교 교사였던 나를 대전에서 행복하게 신앙생활을 할 수 있도록 인도하신 주님의 은혜는 놀랍기 그지없다. 1999년 명예퇴직 교사가 급증하여 공립학교 신규 채용만으로는 교사 수급에 한계가 있어 한시적으로 2년 동안 사립에서 공립으로 가는 특별채용 시험이 있었다. 당시 근무하던 학교에서 사회과 교과 과정을 수립하는 과정에서 교과 편성이 제대로 되지 못해 그다음 학년도 1년 동안만 사회과 교사가 과원인 상황이 되어 한 명이 이동해야 하는 일이 발생했다. 공립 특채는 누구나 희망했기에 응시할 수 있는 우선권은 나보다 먼저 근무하던 선생님에게 있었으나 그분이 1정(1급 정교사) 연수를 받지 못해 나에게 기회가 온 것이다. 덕분에 2000년 2학기부터 동료 교사들의 부러움 속에 강남에 있는 공립중학교에서 근무하게 되었다.

기대와는 달리 공립중학교에서의 출발은 순조롭지 못했다. 학생들의 학력은 초등학교부터 고등학교 수준까지 격차가 많이 벌어져 있었고, 강남의 부유한 가정의 자녀에서부터 생활보호대상자의 자녀들이 함께 생활하고 있어 경제력 편차도 심했다. 이전에 근무하던 여자고등학교와는 분위기가 많이 달랐다. 더구나 중학교는 통합 교과였기에 정치, 경제, 사회, 문화, 한국사, 서양사, 한국지리, 세계지리 등 가르쳐야 할 영역도 광범위하여 내 전공만 가르쳤던 고등학교와 달리 새로운 교재 연구를 하는 데 많은 시간이 소요되었다. 더구나 열린 교육이 시작되면서 수업 시간에 천방지축 지나치게 활발한 학생들을 보고 과연 '내가 계속 근무할 수 있을까' 하는 의구심도 들었다. '괜히 공립중학교로 왔나 보다'라는 걱정을 가득 안은 채 신랑이 첫 근무일이라고 격려하며 사 주는 저녁도 제대로 먹지 못했다. 그러나 힘이 들 때면 더욱 의지하게 되는 나의 하나님은 내가 새로운 환경에서 잘 적응할 수 있도록 좋은 동료들을 보내 주셨고, 조금씩 아이들과 눈높이를 맞추게 해 주셨다. 나의 고등학생 시절 선생님들은 학습 내용을 칠판 가득 지워 가며 2번씩 판서하셨으나 난 매 시간 그렇게 판서하며 수업할 자신이 없어 매일 매직으로 전지 괘도에 열심히 내용을 쓰며 가르쳤다.

2000년대 초반 선배 교사가 새롭게 시작되는 ICT교육(정보통신 교육)을 선도하여 함께 많은 것을 배웠다. '즐거운 학교' 사이트에서 새로운 방식으로 학생들이 직접 참여하는 수업도 진행할 수 있었다. 이 학교에서는 선생님들이 새로운 시도를 많이 하여 풍부한 경험을 얻게 되었다. 토요일까지 근무하던 시절, 일반 교과 수업 외 활동을 묶어 토요일에 양재천으로 나가 숲 체험, 생태 학습, 산책 등 다양한 야외 학습 활동도 실시했다. 방학 때에는 희망자를 받아 '제주도 자전거 일주' 프로그램을 시행하였는데 40여 명의 학생과 10여 명의 교사 들이 함께하는 사제 동행 여행이었다. 자전거와 관광버스로 함께 이동하면서 체력이 가능한 학생들은 자전거로 제주도 전체를 일주하였고, 전체 자전거 일주가 힘든 학생들은 일정 구간마다 자전거와 버스로 갈아타면서 일주했다. 교사와 학생들이 서로 격려하면서 아름다운 제주도 해안가를 자전거로 다녔던 감동적인 추억은 지금도 생생하다.

실수하는 것은 아이들의 특권이다

많은 제자가 있지만 특히 기억에 남는 제자 몇 명이 있다. 여자상업고등학교에 근무할 때 어려운 가정환경에서 자란 문제 학생들이 많았다. 그중에 술, 담배, 가출을 빈번하게 일삼던 학생이 있었는데 중성적인 외모와 성격으로 친구들에게 인기가 많았다. 잘못된 행동들 때문에 상담을 자주 하다 보니 그와 매일 전화하는 것이 일상이 되었다. "선생님, 오늘은 담배 한 갑도 안 피웠어요. 잘했죠?" 남들이 들으면 기가 막히는 이야기지만 나름대로 고치려고 노력하는 모습이 사랑스러웠다. 여전히 문제를 일으키기는 했지만 조금씩 행동의 변화를 보였다. 3학년으로 진급한 후에는 이렇게 말하기도 했다. "쌤 반 애들이 말 안 들으면 제가 혼내 줄게요." 평소와 달리 학생들이 내게 90도 폴더 인사를 할 때 뒤돌아보면 언제나 선배 학생들이 있었다. 교사보다는 선배가 더 무서운 시대였기에, 그 아이는 내게 든든한 후원자가 되었다.

부모가 계시지 않아 할머니와 사는 학생이 있었다. 삶에 대한 희망과 의욕이 없다 보니 결석이 잦았다. 그러던 어느 날 그 학생이 자살을 기도해서 병원에 입원했다는 소식을 들었다. 괜찮을 거라고 위로해 주는 신랑과 함께 병원으로 향했다. 다행히 일찍 병원으로 가서 치료를 받아 큰 이상은 없었다. 이 학생의 얘기를 들으신 신앙심 깊고 사랑이 많으신 시어머니께서는 당시 교회와 당신의 지인들을 동원하셔서 장학금을 마련해 그 학생이 꿈을 가지고 살도록 도와주셨다.

중1 담임할 때 우리 반에 초등학교 회장 출신 남학생이 있었다. 어리지만 학급 반장으로서 리더십과 의리가 있어 학생들도 잘 이끌어 학생 지도에 많은 도움이 되었다. 지금까지 스승의 날이면 감사의 인사를 보내 왔고 그 학생이 아름다운 가정을 이루는 결혼식에도 참석해 맘껏 축복해 주었다. "저에게는 최고의 선생님이십니다"라는 고백은 비타민이 되어 힘든 교직 생활을 버티게 해 주었다.

밤마다 또래들과 어울리며 금품을 빼앗고, 오토바이도 탈취하며 경찰서에 자주 잡혀가다 보호감호소까지 다녀온 남학생이 있었다. 키가 크고 잘생긴 외모에 성격도 싹싹하며 명랑했고 학교에서는 친구들을 괴롭히기는커녕 오히려 사이좋게 잘 지냈다. 문제 활동으로 상담할 때면 진지하게 반성했고 예의 바르게 행동했지만, 다른 학교 문제 학생들과 몰려다니다 보니 늘 사고가 생길 수밖에 없었다. 그래도 조금씩 자신을 돌아보고 엄마 속도 썩이지 않겠다고 결심하며 점점 좋아지던 어느 날, 학교에 출근하자마자 그 학생이 새벽에 오토바이를 타다가 교통사고로 사망했다는 연락을 받았다. 믿을 수 없는 현실에 나와 우리 반 아이들은 무척 슬퍼하며 장례식에 참여했다. 마지막 길을 배웅해 주며 적극적으로 예수님의 사랑을 전하고 기도하지 못한 것이 후회되었다.

교육이란 전도와 마찬가지로 뿌려질 당시에는 눈에 보이는 결실이 언제, 어떻게 나타날지 알 수 없다. 그러나 반드시 가장 적절한 시기에 열매를 맺는다는 확신이 있기에 포기하지 않는다. 그런데 과거에는 교사와 학부모가 한마음으로 학생들을 바르게 지도했는데 지금은 의미 있는 훈육도 눈치를 봐야 하는 상황이고 예기치 않게 교사가 가해자가 되는 현실이 너무 안타깝다.

'찐 교육'은 지금부터 시작

학생, 학부모와의 관계가 급변하면서 상황에 따라서는 선한 의도로 한 행동에 교사가 책임을 져야 하는 현실이 피부에 와닿기 시작했다. 학생들과 수업하는 것이 행복했고, 후배 교사들에게는 미안한 마음을 갖고 있지만 '박수칠 때 떠나는 것이 좋겠다'는 생각을 갖게 됐다. 결국 정년을 2년 반 남기고 명예퇴직을 결정했다.

명퇴 후 무엇을 해야 하는지 고민하고 있을 때 하나님은 이미 나에게 새로운 사명을 갖도록 준비해 주셨다. 김지연 대표의 에이랩(ALAF, Awesome Life Awesome Family) 아카데미 강의를 만나게 하신 것이다. 기독교적 성 가치관 교육 강사 과정으로 매주 4개월 동안 평일에 교육이 있었는데 명퇴를 했기에 교육받는 것이 가능했다. 뿐만 아니라 코로나 이후 첫 대면 강의를 대전, 그것도 내가 출석하던 새로남교회에서 받을 수 있었다. 누구보다 차별금지법 반대와 올바른 교육에 앞장 서는 오정호 담임목사님이 장소를 지원해 주셨기 때문에 가능했고 나로서는 너무 감사하고 기쁜 일이었다. 이 강의를 듣기 위해 서울, 전주, 광주, 제주도까지 전국에서 많은 분들이 찾아와 열정적으로 교육에 참여하셨다.

기독교적 성 가치 교육 강의를 들으며 학교의 잘못된 성교육이 학생들을 망치고 있었음을 깨닫게 되면서 그동안 현직에서 학생들의 올바른 가치관 교육을 놓치고 있었음을 회개하게 되었다. 외부 강사들에 의한 잘못된 인권 교육, 지나친 성 지식 교육으로 인해 학생들의 가치관이 잘못 형성된 것이다. 의무와 책임이 동반되지 않은 권리 주장, 미성숙한 학생들에게 성에 대한 자유로운 결정을 하도록 종용하는 성교육, 미디어를 통한 구체적이고 적나라한 성 지식 교육으로 학생들이 무분별하고 무책임해질 수밖에 없었던 것이다. 또한 요즘 심각해지고 있는 도박, 마약 중독 예방 교육지도사 양성 과정을 이수하면서 잘못된 판단과 호기심으로 중독에 빠지는 학생들이 급증하고 있음을 알게 되었다. 모바일을 통해 마약에 중독된 학생이 "누군가 단 한 번이라도 마약을 하면 인생을 망친다"라고 알려 주었다면 절대로 마약에 손대지 않았으리라고 후회하는 내용을 들으며 예방 교육이 얼마나 중요한지 경각심을 갖게 되었다.

이제 교육 현장은 떠났지만 청소년 교육에 대한 새로운 사명감이 생겼다. 학생들을 만나고자 하는 마음에 한편으로는 설레고 한편으로는 두렵기도 하다. 날이 갈수록 사람 간의 신뢰와 소통이 어려운 현실을 감안할 때 쉽지 않은 일이 될 것이 분명하다. 그러나 우리나라를 사랑하시고 우리 청소년을 아끼시는 하나님의 은혜와 보살피심이 있기에 담대하게 그 사명을 감당하고자 한다. 올바른 인권 교육, 바른 성 정체성, 생명 존중, 올바른 결혼관, 동성애 반대, 성전환 반대 등 올바른 기독교적 성 가치 교육을 통해 다음 세대들이 절대 진리를 깨닫게 될 때만이 희망찬 미래를 기대할 수 있기 때문이다. 30여 년 교육 현장의 경험을 통해 얻은 가장 중요한 결론은, 주님의 가르침이 교육의 기본이 되어야 하며, 성경이 종교적 차원뿐 아니라 교육적 차원에서도 가장 중요한 교과서라는 것이다. 기독교를 폄훼하고 기독교인들을 모욕하는 분위기가 만연해진 오늘날, 주님의 영광과 주님의 나라를 확장하는 데 나의 아주 작은 힘이라도 보탬이 되기를 간절히 소망하고 기도한다.

9

하나님이 멈추라고
하실 때까지

그 주인이 이르되 잘하였도다 착하고 충성된 종아 네가
적은 일에 충성하였으매 내가 많은 것을 네게 맡기리니
네 주인의 즐거움에 참여할지어다 하고_마태복음 25:21.

김선영 새로남기독중학교 교무부장

역사교육을 전공하였으며 교육학 석사를 마쳤다. 2006년 개교한 고등 대안학
교의 개척 멤버로 학교의 기초를 다지고 세우는 일에 동참하였으며 3학년 학년
부장으로 진학지도에도 힘썼다. 2016년 개교한 새로남기독중학교의 개척 멤버
로 지금까지 다음 세대를 세우는 일을 섬기고 있다.

준비시키시는 하나님

믿음의 1세대인 나에게 하나님은 늘 만남의 복을 풍성하게 허락해 주셨다. 청년 때 목사님들과 공동체를 통해 하나님께 부르짖고, 하나님 한 분만으로 만족하는 삶을 배울 수 있었다. 청년 수련회 중 교사의 비전을 꿈꾸며 하나님의 사람을 키우는 곳, 내가 가장 필요한 곳에 나를 사용해 달라고 울며 간절히 기도했고 정확한 때는 모르지만 하나님이 나를 사용하시리라는 확신을 주셨다.

첫 번째 부르심이 고등학교 대안학교를 처음 시작하는 곳이었다. 내가 부르짖고 기도했던 응답의 장소였다. 부르심 그 자체만으로 감사했고 두렵고 떨리지만 지금까지의 여정으로 본다면 첫 번째 단계가 시작된 것이다. 태어나서 처음으로 김해를 떠나 대전 근교 논산으로 오게 되었고 학교를 개교하는 모든 과정에 참여하면서 미숙한 나는 새로운 삶을 버텨 내며 공동체의 소중함과 어려움, 사랑, 열매 등을 배워 나갔다. 더군다나 3년간 학생들과 함께한 기숙사 생활은 다시 하라고 한다면 도망갈 것 같다. 매 순간마다 최선을 다해 달렸지만 미성숙했기에 하나님께 인정받기보다는 사람들에게 인정받는 것이 즐거워 지금 생각해 보면 교만했던 순간들도 많았던 것 같다.

둘째 자녀를 출산하고 다음 여정을 기다리면서 내가 얼마나 부족한지를 처절하게 깨닫고 마음이 가난해지는 시간을 보냈다. 그 경험이 나를 성숙하게 만들었고 때마다 은혜의 자리를 사모하는 마음으로 교회 생활을 열심히 했다. 2010년 자모실에서 예배드리면서 교회에서 진행하는 다음세대를 위한 사역인 '드림2020 프로젝트'를 보며 마음이 뜨거워졌고 청사진으로 그려진 기독초등학교, 기독중학교를 보면서 '하나님, 저를 여기로 보내주세요'라는 소망을 품고 기도했다. 하나님의 때를 기다리며 기도하고 준비하게 하셨고 다양한 학교를 경험하게 하셨다. 드디어 2015년 새로남기독중학교 개교를 준비하는 두 번째 여정이 시작되었다. 내가 가장 필요한 곳에서 나를 사용해 달라고 기도했고 그 응답을 받고 기쁨과 감사보다는 두려움이 컸던 것 같다. 참 많이 울었고 기도했다. 하나님은 그런 나를 불쌍히 여기셔서 교장 선생님과 함께 고군분투하며 학교를 지금까지 세워 가도록 이끄셨다.

저, 개척 멤버 싫어요

나는 새로남기독학교가 정말 좋다. 학생도 교사도 좋아하는 학교가 바로 우리 학교다. 매일 삶 속에서 간증 거리가 생기고 아이들이 성장하는 감격스러운 모습들을 보는 것이 나에게 주어진 특권같이 느껴져 얼마나 감사한지 모른다.

우리 교장 선생님은 북한 땅이 열리면 북한에 새로남기독학교를 세워 복음을 전하고 교육하는 것이 꿈이라고 하신다. 언젠가 리더들과 함께 차를 마시면서 북한 땅이 열리면 우리같이 북한에 가자고 하셨다. 다들 바로 좋다고 이야기했는데 나는 먼저 가서 사역하고 계시면 후에 합류하겠다며, "저 개척 멤버 싫어요"라고 말했던 기억이 있다. 짧은 삶 속에서 학교를 두 번 개척하는 경험을 통해 그 일이 얼마나 고되고 어려운지 알고 있기에 바로 그 말이 튀어나온 것 같다.

그런데 신기하게도 하나님은 그날부터 북한 땅을 향한 소망을 내 마음에 심어 주셨다. 내가 제일 잘하는 것이 학생들과 재미있게 노는 것, 교육하는 것, 씩씩한 것, 열정이 많은 것, 복음을 전하는 것이다. 지금의 모든 경험들은 어쩌면 하나님이 그날을 위해 준비시키시는 것이라는 생각이 들어 언제인지는 모를 그날을 위해 나는 오늘도 이 자리를 묵묵히 지킨다.

정말 듣고 싶은 말

우리 학교 선생님들은 교육선교사라고 불린다. 악한 세대 가운데 세상과 타협하지 않고 하나님의 말씀을 붙잡고 다음 세대를 세워 나가는 데 전심전력을 다하기 때문이다. 선생님들이 먼저 영적으로 무장되어야 한다. 말씀의 은혜를 먼저 깨달아야 학생들과 큐티 나눔을 풍성하게 할 수 있고 선생님들이 먼저 기도 응답받고 간증의 삶을 살아야 학생들에게도 그 은혜를 흘려보낼 수 있다. 학교의 중간 관리자로 사역을 하다 보면 가끔 의도치 않게 억울한 상황을 맞이할 때가 있다. "하나님, 제가 잘못한 것은 혼내 주세요. 그리고 용서해 주세요. 하지만 저의 억울함도 하나님이 풀어 주시면 좋겠어요"라고 기도했고 짧게는 며칠 만에 길게는 몇 년 만에 하나님의 방법으로 억울함을 풀어 주시는 경험을 많이 했다. 내가 애써 설명하고 억울함을 풀려고 하지 않아도 하나님의 방법들은 너무 완벽하고 시원하고 깔끔했다.

반복되는 시간들 속에 어느덧 내 마음속에는 '항상 옳으신 하나님'이 새겨졌고 일상 속에서 당장 이해가 되지 않는 순간에도 항상 옳으신 하나님을 신뢰하며 뜻을 구하고 기다리는 방법을 알게 되었다. 나의 소망은 이후에 내가 예수님을 만났을 때 "착하고 충성된 종아, 네가 잘하였도다"라고 칭찬받는 것이다. 예수님 품에 안겨서 "착하고 충성된 종아, 네가 잘하였도다"라고 칭찬받으면 얼마나 좋을까.

자랑하고 싶어요

20대 초부터 중·고등학생들을 인솔하여 해외로 영어캠프, 미션트립, 선교를 다녀오는 기회들이 주어졌다. 그때는 책임자가 아닌 단순한 인솔 교사로서 참여했기 때문에 다른 나라 문화를 체험하고 여행하는 기쁨을 마음껏 누렸던 것 같다. 20대 중반, 교사의 첫 여정이 시작된 학교에서 해외이동수업과 미션트립을 인솔하는 데 필요한 모든 세세한 과정을 몸으로 체득할 수 있었다.

새로남기독학교에서도 학년별 미션트립과 해외프로그램을 진행하게 되었는데, 감사하게도 그동안 경험으로 얻은 해외프로그램 인솔에 대한 노하우들이 쓰임 받게 되었다. 새로남기독학교는 글로벌 리더십과 섬김의 지도력을 배우기 위해 학년별 미션트립과 해외프로그램을 진행하는데, 학생들의 마음가짐이 정말 자랑할 만하다. 준비부터가 선교라는 생각으로 학생과 선생님이 자발적으로 준비 기도회를 진행한다. 또한, 많은 활동과 공연을 선생님들과 함께 계획하고 열심히 연습하는 모습을 보며 "이 아이들은 정말 진심이구나, 이 과정을 통해 성장하겠구나"라는 기대가 든다.

때로는 학교에서 사고도 치고, 엉뚱한 행동을 하며, 심지어 미션트립을 준비할 때에도 선생님들의 마음을 어렵게 할 때도 있지만 선교 현장에 나가면 마법이라도 걸린 듯 우리 학생들이 선교사님이 되어 있음을 매번 경험한다. 열악한 환경에서도 불평하지 않고 당연한 듯이 친구들을 도와주며 협력하는 모습, 기도회 시간에 눈물을 흘리며 기도하는 모습, 현지 아이들을 안아 주면서 짓는 천사 같은 미소, 준비한 공연들을 프로페셔널하게 마치고 내려오는 우리 학생들의 땀방울을 보면 그냥 감사해서 눈물이 나온다. 동시에 나는 기도를 심는다. "하나님, 우리 학생들이 밟는 땅이 하나님의 나라를 세워 가는 거룩한 현장이 되게 해 주세요. 우리 학교를 통해 다음 세대가 굳건하게 세워지게 도와주세요."

감사하게도 새로남교회 성도님과 부모님 들의 기도 덕분에 우리 학생들은 미션트립을 다녀오고 나면 훌쩍 성장하는 느낌이다.

하나님이 그만하라고 하실 때까지

20대에 미국에서 오랫동안 간호사로 생활하시다가 60세가 넘어 중국 선교사로 부르심을 받은 영어 선생님과 대화를 하게 되었다. 힘든 시절 나의 멘토가 되어 주신 선교사님은 하나님이 다음 스텝으로 중국 땅을 밟게 하시니 순종하며 간다고 말씀하시며 나에게도 하나님이 그만하라고 하실 때까지 주어진 자리에서 순종하는 것이 하나님이 기뻐하시는 일이라고 권면해 주신 적이 있다. 하나님 나라를 위해 조금이라도 사용되는 은혜가 너무 감격스럽고 기적 같은 은혜임을 고백하셨다.

여전히 부족한 나는 어렵고 힘든 상황이 닥치면 회피하거나 도망가고 싶을 때가 있었다. 그럴 때마다 조성희 교장선생님은 말씀으로 위로해 주시며 내가 잘 버텨 낼 수 있도록 한결같이 응원해 주시고 기도해 주셨다. 그리고 버텨 내는 과정에서 받는 은혜로 인해 누리는 기쁨, 감사가 얼마나 큰지를 알게 되었다. 어느덧 중국 선교사님처럼 후배 교사들을 위로하고 격려하는 선배 교사로 서 있는 나의 모습을 보고 있다.

우리 학교 학생들은 날마다 하나님의 비전을 꿈꾼다. 나도 함께 하나님의 비전을 꿈꾼다. 다음 스텝으로 하나님이 나를 어떻게 인도하실지 모르지만 기대하는 마음으로 하루하루 예수님의 성실을 배워 가며 성장하고 있는 나는, 행복한 교사이다.

나를 닮은 졸업생들의 응원

지금은 대학생이 된 졸업생과 가끔 만나거나 연락할 때가 있는데 신기하게도 그 만남과 연락은 나를 위해 예비하신 카이로스의 시간인 것 같다. 이제는 사제지간이 아닌 동역자가 된 것 같은 느낌은 나만의 생각은 아니리라. 당근과 채찍으로 강하게 훈련시켰던 졸업생들이 어느덧 자라서 내게 항상 응원과 격려를 아끼지 않는다. 내가 했던 말투와 언어로 위로하고 격려해 주어 나를 웃게 한다. 그들이 주먹을 불끈 쥐며 세상 속에서 잘 살아내 주길 나 또한 응원하고 안아 준다. 고민을 이야기하며 응석을 부릴 때면 토닥토닥해 주며 괜찮다고, 잘할 수 있다고 격려하기도 하지만 담대하고 꿋꿋하게 버텨 내라는 권면의 말이 곧 나에게 향할 때도 참 많다. 졸업생들을 통해 하나님의 음성을 듣고 힘을 내게 되니 이 또한 나에겐 큰 축복이다.

중학생들과 큐티와 예배를 함께하고 받은 말씀을 실천하려고 노력하는 교사, 중학생들이 사춘기라는 터널을 멋지게 지나가도록 마음을 다해 응원하고 기도하는 교사, 이해하기 힘들던 사춘기 학생들이 어느새 하나님의 사람으로 훌쩍 성장하는 모습을 발견하고 감동받는 교사, 학기 초에 불협화음으로 시작한 오케스트라 연주가 학기 말에 완벽한 하모니가 되어 마음의 감동과 울림을 받는 교사, 단 한 명의 학생도 포기하지 않고 애끓는 마음으로 붙잡는 교사, 학생 한 명 한 명의 장단점을 너무 잘 알아 항상 응원하는 교사, 학생과 함께 웃고 울어 주는 교사, 동역자인 동료 교사와 함께 각자의 삶을 위해 기도해 주고 응원해 주는 교사, 교사들이 지치고 힘들어 할 때면 가장 필요한 말씀으로 힘과 위로를 주시는 교장선생님. 그 어디에도 없는 진짜 하나님의 학교, 하나님의 사람을 길러 내는 영적사관학교가 새로남기독학교이다.

10

학생부장,
예수님의 마음을 품다

너희 안에 이 마음을 품으라. 곧 그리스도 예수의 마음
이니_빌립보서 2:5.

박경하 대전외국어고등학교 교사

충남대학교 체육교육과를 졸업하고 한남대학교에서 교육학 박사를 마쳤다. 현재 대전
외국어고등학교에서 체육을 가르치고 있으며 18년째 학생들의 생활지도를 담당하고
있다. 또한 대전 내 중고등학교 교사 및 학생을 대상으로 학교폭력의 실태 및 대응 방안
과 학생자치 활성화 방안에 관한 특강을 진행하고 있다.

누군가 울어야 마치는 하루

교사들이 대부분 기피하는 학교폭력과 생활지도 업무를 13년째 담당하면서 많은 일들을 겪었다. 동료 교사들이 그렇게 오랫동안 해도 괜찮으냐고 물으면 내년에 또 담당하게 될까 봐 너무 힘들다고 엄살을 부리기도 했다. 그러나 내심 이 업무가 나를 성장시켜 주었다고 믿는다. 나를 가까이에서 지켜본 선생님들은 그동안 겪은 일을 책으로 쓰면 두세 권은 되겠다 하시며 대체 어떤 마음으로 지내 왔냐고 진지하게 물으셨다.

담당 업무의 특성상 나는 우는 사람들을 많이 본다. 초중등교육법과 학폭력법에 따라 징계를 주거나 학생들에게 발생한 심각한 사안은 다 학생부서로 보고되기 때문이다. 하루가 시작되면 '오늘은 또 누가 울까?'라는 생각이 저절로 든다. 대부분은 학생이고 학부모일 때도 적지 않으며 심지어 교사일 때도 있다. 자식 때문에 흘리는 어머니의 눈물은 뭉클하고, 아버지의 눈물은 깊은 울림이 있다. 때론 학생들과 빚는 갈등 때문에 교사가 울 때면 나도 함께 분을 내기도 한다. 평일은 대부분 우는 사람을 마주하기 때문에 아무런 일도 없는 날이면 다행이다 싶으면서도 불안한 마음이 들기도 한다.

그날은 퇴근 시간 가까이 아무 일도 없는 특이한 날이었다. 갑자기 교무실 문이 열리고 여학생과 어머니가 들어오셨다. 내가 알지 못하는 학생이 들어오면 빠른 시간에 아이의 감정 상태와 부모와의 관계 등 가능한 많은 정보를 감각적으로 찾아내야 한다. 지현이는 특이하게 고등학교 3학년이 되어 전학 온 학생인데, 자해 문제로 상담을 하게 되었고 불안과 우울증 등 다수의 어려움이 있음을 알게 되었다. 지현이는 부모가 모두 생존해 있음에도 출생 후 얼마 안 되어 고모네 집에서 성장한 남다른 사정이 있었다. 그런데 얼마 전부터 극도의 우울감으로 대학병원에 상담을 다녔는데 자살 위험성이 높다는 진단을 받았다. 학교에서는 우울감을 겪거나 자살 위험이 높은 학생들을 특별한 관심으로 보살피는데 그날의 상담이 그중 하나였다. 늘 혼자 병원에 다니던 지현이는 그날따라 어머니와 함께 병원에 가고 싶었다고 한다. 그래서 본인이 기억하기에 처음으로 "엄마, 오늘 나랑 병원 같이 가 주면 안 돼?"라고 부탁했더니 어머니는 인삼밭에 나가 봐야 해서 안 된다며 미안하고 사랑한다고 대답했단다. 억울한 듯 반쯤 잠긴 목소리로 병원에도 같이 가 주지 않는 엄마가 자신을 사랑하는 게 맞느냐고 눈물을 뚝뚝 흘렸다.

이야기를 듣자마자 나는 어머니가 이해되지 않아 부아가 치밀고 지현이가 너무 안쓰러웠다. 정서적 어려움을 겪는 학생들은 거의 대부분 병원에 갈 때나 가정에서 생활할 때 부모님의 극진한 보살핌을 받는다. 지현이에게 늘 혼자 다니다 왜 그날따라 어머니에게 병원에 같이 가자고 했는지 물으니 어머니의 사랑을 확인하고 싶었단다. 나는 올라오는 화를 참느라 애쓰다 아이가 흘리는 눈물을 보자 참지 못하고 어머니께 왜 그러셨냐고 따졌다. 부모님의 사랑을 바라는 아이의 마음은 너무나도 당연한데 그때 인삼밭이 왜 그렇게 중요했냐고 따져 물었다. 그 상황이 분하고 아이가 안쓰러워 내 눈에서 눈물이 주르륵 흘렀다. 지현이는 나를 따라 꺼이꺼이 울고, 우리를 보며 어머니도 미안함에 눈물을 펑펑 쏟으셨다. 어머니는 눈물을 그치고 재혼 후 지현이를 낳게 된 사연을 시작으로, 두 시간이 넘게 아픈 과거를 꺼내 놓으셨다. 지현이는 난생처음 듣는 어머니의 사연에 공감하듯 고개를 끄덕였다. 이야기 내내 어머니가 우시거나 지현이가 울기 시작하면, 우리는 다같이 따라 울었다.

이후 지현이는 꽤나 안정되어 무사히 졸업하여 대학에 진학했다. 돌아보니 아이의 마음과 어머니의 사연에 너무나도 공감하며 눈이 붓도록 울었던 그날의 상담은 하나님이 주신 긍휼한 마음에 모든 것을 맡긴 시간이었다. 그날만큼은 우는 자와 함께 울었던 가슴 뜨거운 시간으로 기억된다.

다 받는 졸업장이 그렇게 좋으냐?

태섭이는 고등학교 1학년 8월쯤 서울에서 전학 온 남학생이었다. 퇴학당하기 전 어쩔 수 없이 전학 왔다는 둥, 학교폭력 가해자라는 둥 전입할 때부터 안 좋은 소문이 들려왔다. 모든 전입이 다 그런 것은 아니지만 대부분 학생부 교사인 내가 전입생을 상담하고 교복 구입과 학교생활 등을 안내하는 과정을 거친다. 180cm가 넘는 키에 한눈에 봐도 다부진 체격의 태섭이의 주먹엔 굳은살이 박혀 있었다. 이 때문에 학교폭력 가해자란 소문이 사실처럼 느껴졌지만 학생부 기록에서는 학교폭력과 관련된 아무 기록도 발견할 수 없었다. 걱정이 되어 친구들과 원만하게 지내라는 경고 섞인 간단한 지도로 전학 상담을 마무리했다.

염려하던 일들이 학기 초반부터 일어났다. 태섭이가 요주의 학생들과 어울리기 시작하더니 수업을 방해한다는 여교사들의 불만이 여기저기서 들려왔다. 수업 태도를 지적하는 선생님과 언쟁을 벌이기 일쑤였고, 지도하는 선생님께 불만을 품고 자신의 책상을 발로 차고 교실을 나가 버린 적도 있었다. 수업을 마치고 학생부 교무실에 들어가면 선생님과 대치하고 있는 경우도 적지 않았다. 이런 경우 자초지종을 듣고 학생을 다독이면서 선생님께 용서를 구하도록 지도하는 일은 결코 쉽지 않다. 이런 경우 짧은 시간에 입장 정리가 되어야 감정의 골이 깊어지지 않는다. 학생의 성향을 잘 알고 있는 선생님이라면 학생이 "아까는 제가 잘못했습니다" 한 마디만 하면 대부분 용서하기 마련이다. 교사의 사명이 학생들을 용서하고 이해하는 것이기도 하지만 나머지 학생들이 기다리는 다음 수업에 집중하기 위해서는 툴툴 털어 내야 하기 때문이다. 그래서 선생님들은 마음의 병을 자주 얻는다. 대부분의 선생님들은 학생에게 앞으로 당부하는 사항과 용서를 의미하는 따뜻한 몇 마디 말로 지도를 끝내신다.

그 후에 학생부 교사가 학생과 소통하는 시간이 있었는데, 태섭이와 대화를 하다 보니 선생님들과 빚는 갈등 이면에는 상습적인 지각이 있었음을 알게 되었다. 아들 하나 졸업시키고자 하는 부모님과 연고도 없는 대전에 이사를 오게되었고 아버지가 새벽에 기차 타고 서울로 출근하시면 어머니와 둘만 남게 된단다. 그런데 문제는 어머니의 말을 전혀따르지 않는 데 있었다. 어머니는 학생이 저지르는 여러 가지 문제로 완전 체념한 상태에 이르렀지만, 다행히 아버지는 아들을 졸업시켜야 한다는 의지를 보이셨다. 그러나 전학 온지 1년도 못 되어 미인정 지각, 교사를 향한 불손한 언행으로 학업 중단의 위기가 계속되었고, 아버지와의 상담이 세 차례 정도 진행되었을 때 아버지는 맥이 풀린 표정으로 자신의 마음을 털어놓으셨다. "선생님, 저도 아이가 졸업 못할 줄 알아요. 그런데 자식이 포기하지 않는데 부모인 제가 먼저 포기하면 안 될 것 같아서요. 다닐 수 있을 때까지는 다니게 하려고요. 정말 죄송합니다."

나도 태섭이의 태도가 이 정도라면 다른 학생들에게 미칠 부정적 영향이 우려되어 자퇴를 권유하고 싶었다. 그러나 "서로 용서하기를 하나님이 그리스도 안에서 너희를 용서하심과 같이 하라"(엡 4:32)는 말씀이 떠올랐고 포기하지 않는 아버지가 계신 이상 가능성이 있어 보였다. 이후에도 태섭이는 몇차례의 징계와 여러 선생님들의 용서, 아버지의 읍소로 겨우겨우 학업을 이어 나갔고, 살얼음판 같던 3년의 시간을 힘겹게 보낸 후 끝내 졸업장을 받았다. 졸업하는 날 나에게 졸업장 사진을 찍어 선생님 덕에 졸업하게 되었고 승강기 기술자를 꿈꾸며 대학에 진학하게 되었다는 문자를 보내 왔다. 직접찾아와 "선생님, 앞으로 자주 찾아뵐게요!"라고 말하는 발랄한 인사도 좋지만 태섭이의 문자 메시지에서는 진실함이 느껴졌고, 그리스도인 교사가 왜 학교에 필요한지 어렴풋이 알것만 같았다. 나는 내심 정말 기쁘면서도 툴툴대며 혼잣말을 내뱉었다. "남들 다 받는 졸업장이 뭐 그리 대수라고!" 그러나 나도 교직 생활 중 보람 있는 일을 꼽으라면 주저 없이 태섭이의 졸업장이 떠오른다.

학생부장이 근력을 기르는 이유

오랫동안 학교폭력과 생활지도 업무를 담당하면서 만난 학생들 때문에 교육에 대한 진지한 자세를 갖게 되었고, 그나마 내 앞가림을 할 정도로 나를 되돌아보게 되었다. 때문에 신규 교사들에게 반드시 학생부 업무를 담당해 볼 것을 적극 권장한다. 인성이 무너진 학생들을 대하고 감정이 극에 달한 학부모를 만나 내 속이 썩어 봐야 그들에 대한 진지한 고민과 애정이 생기기 때문이다. 예수님도 공생애 기간 대부분을 제자들과 함께하셨음을 보면서 교육에는 반드시 동행의 과정이 필요하다는 생각에 더욱 확신을 갖게 되었다.

나는 체육교사로서 학생들 앞에서 완벽한 시범을 보이며 건강과 생활 습관에서도 모범이 되어야 한다고 생각한다. 그래서 꾸준히 체력을 관리하여 여전히 고등학생과의 체력 대결에서 져 본 적이 거의 없다. 얼마 전 위기의 순간에 빛났던 근력 때문에 요즘도 체력 관리에 힘을 쏟는다.

지원이를 만난 건 그 아이가 신입생으로 입학한 2019년 3월부터 자퇴하게 된 10월까지였다. 나는 지원이의 체육 수업을 담당했는데 복도에서 마주칠 때마다 90도로 인사하여 예의는 바르지만 과하다는 생각이 들었다. 경험상 학생들은 자기가 선호하는 방식으로 상대에게 호감을 표현하는데 지원이도 나에 대해 호감을 갖고 있는 것이 분명했다. 어느 날

무슨 이유로 대화가 시작되었는지 정확히 기억할 수는 없지만, 지원이는 자신이 어렸을 적 이야기를 꺼내 놓았다. "제가요…. 어렸을 적 아버지가 저를 때릴 때는 아파도 참을 수 있었는데요, 엄마를 때리는 것을 보는 건 너무 힘들었어요." 대화를 통해 엄마랑 둘이 살게 된 사연과 그동안 이런저런 말썽으로 어머니를 속상하게 했음을 알게 되었다. 그동안 힘들었던 지원이의 과거를 알게 된 이후로 예전보다 아이가 더 신경이 쓰였다. 아버지에 대한 부정적 경험 때문에 아버지와 비슷한 또래나 이미지의 남교사를 적대시하여 종종 대들고 욕하는 일이 일어났기 때문이다.

예수님의 마음으로, "이제 괜찮아"

1학기가 별일 없이 지나고 2학기를 시작한 지 한 달 후 1학년 교무실에서 학생부 교무실로 다급한 전화가 걸려 왔다. "학생부장님, 1학년 교무실로 급히 와 주셔야겠어요." 전화를 내려놓기 무섭게 아래층으로 뛰어 내려갔는데 멀리서도 고성과 욕설이 들렸다. 교무실 문을 열자 놀랍게도 지원이가 선생님들께 욕설을 퍼붓고 있었고 선생님들은 욕설을 들으며 당황한 표정이 역력했다. 지원이가 워낙 흥분한 상태여서 진정시키는 것이 쉽지 않아 보였다. 간신히 지원이를 달래 자초지종을 들어 보았다. 그날은 체육대회였는데 여자친구가 다른 남학생과 이야기한 것이 못마땅해 씩씩거리며 여학생 교실에 찾아갔단다. 겁을 먹은 여학생이 자신의 담임선생님께 보호를 요청했고, 여학생이 대화에 응하지 않자 여자친구를 내놓으라며 담임선생님과 실랑이가 시작되었다는 것이다. 간신히 학생을 진정시키고 교무실에서 데리고 나오려는데 지금까지 욕설을 듣던 여학생의 담임선생님이 화가 나서 학생을 큰 소리로 훈계하다 상황이 걷잡을 수 없이 커졌다. 이제 둘 다 말려야 하는 상황이 되었는데 학생은 이전의 몇 배에 달하는 분노를 표출하며 기물을 파손할 듯 행동했고 결국 경찰이 출동하고서야 진정이 되었다.

이 일로 선생님들은 큰 충격을 받았다. 지원이의 어머니는 아이가 이전 학교에서 유사한 사건을 몇 차례 일으켰음을 털어놓으며 자신도 더 이상은 힘들다는 말과 함께 자퇴원을 제출하셨다. 나는 씁쓸하고 몹시 후회되었다. 화를 주체하지 못하는 지원이를 힘껏 안아 줬다면 진정이 되었을까? 학생부 교사에게는 순발력이 아주 중요한데, 이 순발력은 임기응변의 차원이 아니라 늘 위기 상황을 염두에 두고 있다가 그 상황이 닥치면 자연스럽게 나와야 효과를 발휘하기 때문이다. 가만히 있으면 상황이 악화되지는 않는데, 극적 반전을 기대하고 시도한 언행이 구설수에 오르기도 하기 때문에 대응을 주저

하게 되기 쉽다. 이것이 내가 과감하게 행동하지 못한 이유였다. 자퇴서를 제출한 학생의 뒷모습을 바라보는데 내가 가장 좋아하는 성경 구절이 선명하게 가슴에 울려 퍼졌다.

"너희 안에 이 마음을 품으라. 곧 그리스도 예수의 마음이니"(빌 2:5).

학교에서 근무하면서 복도를 지나고 계단을 오르내리며 수도 없이 묵상한 말씀이었다.

시급을 다투는 교육적 처치가 필요한 학생들에게 학생부 교사는 응급외상센터 의사와도 같다. 응급상황이 발생하면 교육학 책을 찾아보거나 선배 교사에게 묻는 순간 골든타임이 지나가 버리기 때문에 빠르고 정확한 판단이 필요하다. 빈번하게 사고를 치는 학생들은 단 한 번의 실수로도 인생을 망칠 수 있다. 아무리 생각해 봐도 예수님의 마음을 시시때때로 품는 것 말고는 시급을 다투는 학생에게 가장 적절한 지도 방안을 내어 놓기가 불가능함을 느꼈다.

아픈 마음과 교훈을 간직한 채 그해를 보냈고 다음 해 1학기가 되었다. 신입생인 준영이는 화가 나면 선생님들께 반말을 일삼는 남학생이었다. 그날도 같은 문제로 학생을 지도하는 남교사를 보았다. 나는 예정된 출장 때문에 교무실을 나섰는데 방금 전 그 장면이 어쩐지 신경이 쓰여 다시 교무실로 돌아갔다. 교무실 문을 여는 순간 선생님과 준영이가 서로의 멱살을 잡고 욕설과 함께 주먹을 날리려 하고 있었다. 나는 한 치의 망설임도 없이 준영이를 뒤에서 꼭 끌어안았다. 옴짝달싹 못하게 꼭 끌어안으며 말했다. "이제 괜찮아!" 선생님은 씩씩거리며 밖으로 나가시고 아이는 내 품에서 빠져나와 흐느껴 울었다. 폭력 때문에 둘 다 위험해질 수 있었던 순간, 자퇴했던 지원이를 통해 배운 예수님의 마음이 빛을 발하는 순간이었다.

동료 교사들이 학생부 교사를 하는 동안 어떤 마음으로 지내 왔냐고 묻는다. "학교에서 미움 받을 만한 학생을 미워하지 않고 용서하기 어려운 학생을 용서하는 선생님들이 많아졌으면 좋겠어요. 그것이 예수님 마음 아니겠어요!"

11.

그들 인생의
하이라이트를 위하여

너희가 내 안에 거하고 내 말이 너희 안에 거하면 무엇이든지 원하는 대로 구하라. 그리하면 이루리라. 너희가 열매를 많이 맺으면 내 아버지께서 영광을 받으실 것이요 너희는 내 제자가 되리라_요한복음 15:7-8.

주진영 前 대전고등학교 교장

공주사범대학 졸업하였으며 충남대학교 교육대학원에서 교육학 석사를 마쳤다. 1983년 충남의 부석고등학교에서 교직에 첫발을 디딘 후 홍성여고, 유성농업고, 유성고, 충남여고, 대전외국어고, 대전과학고, 대전둔원고, 대전만년고에서 교사로 봉직하였고, 대전외국어고 교감, 대전고 교장으로 2021년 8월 퇴직하기까지 총 38년 2개월간 후진 양성에 힘썼다. 2021년 황조근정훈장을 수훈했다.

방황 끝에 주님을 만나다

H읍에서 고등학교를 다니던 나는 당숙 집 문간방에서 친구와 자취하고 있었다. 토요일엔 시골집에 가자마자 옷을 갈아입고 일요일 저녁 막차로 돌아오기 직전까지 부모님의 밭일을 열심히 도와드리는 꽤 성실한 학생이었다. 돌아오는 내 손에는 늘상 김치통이나 반찬거리가 들려 있었다. 어설픈 자취 생활이 10대 청소년에겐 고달픔이었다.

자취하는 집에서 멀리 기찻길이 보였다. 기차를 타고 어디론가 가고 싶은 마음이 들 때가 많았다. 때론 처량하고 때론 미래가 안 보여 답답하고 공허했다. 그래서 사색을 많이 하게 되었다. '산다는 건 무엇인가?' '어떻게 살아야 하는가?' 책 속에 답이 있을까 싶어 책도 많이 읽었다. 이광수와 톨스토이, 파스칼 등등 많은 책이 나를 더 사색하게 했다. 그러다 친구의 권유로 고2 때 처음으로 교회에 나가게 되었다. 영원한 삶이란 개념이 다가왔다. 확신은 없었다. 그렇지만 교회 친구들의 흔들리지 않는 듯한 삶을 보며 기독교에 대한 관심을 갖게 됐다.

고등학교 2학년 가을, 떨어지는 단풍잎을 보며 이제 고등학교 졸업이 1년 남았다는 두려움이 내게 엄습해 왔다. 가난했지만 아버지께서 "내가 깡통을 차는 한이 있어도 너희를 가르치겠다"라고 말씀하셨기에 나는 대학에 진학해야 우리 집안도 살리고 나도 살 수 있다고 생각했었다. 그래서 1년간 죽었다 생각하고 공부에 전념했다. 분 단위로 시간 계획을 세우고 '나는 공부하는 기계다'라고 스스로에게 주문하며 치열하게 살았다. 인생의 한 대목을 이렇게 전력투구해 본 경험은 나의 일생에 큰 자산이 되었다. 특히 교사가 되어 대학입시를 준비하는 학생들의 심정을 이해하는 데 도움이 되었다.

고3 담임선생님의 권유로 공주사범대학교 국어교육과에 진학하였다. 국립사범대학이어서 등록금 부담이 적다는 것이 가장 큰 이유였다. 아버지께서 수년 전에 벌목 사업을 하시다가 인부 사망 사고가 일어나 우리 가정은 늘 빚에 쪼들리는 형편이어서 내 학비까지 지원할 여력은 없었다. 다행히 두 누님이 고교 졸업 후 서울 직장에 취업하였던 터라 매달 얼마씩 지원을 받기로 하고 대학에 진학하였다. 참으로 고마운 누님들 덕분에 대학에 갈 수 있었던 것이다.

대학은 많은 가능성으로 열려 있었다. 계속 신앙인으로 살 것인가 말 것인가 심각하게 따져 보고자 기독교 동아리의 문을 두드렸다. CCC(한국대학생선교회)에서 순장과 일대일 성경 공부를 하면서 치열하게 논쟁을 벌였다. 하지만 나의 저항은 오래가지 못했다. 예수님의 부활 이후에 제자들이 회심하여 변화되는 모습을 공부하면서 부활을 인정할 수밖에 없었다. 그리고 하나님은 인간의 이해를 넘어서시는 분임을 인정하고 말씀 앞에 무릎을 꿇고 주님을 영접하였다. 방황 끝에 주님을 만난 것이다. 할렐루야!

사랑으로 끓인 라면 한 그릇

대학생활은 동아리 활동을 중심으로 돌아갔다. 당시 내가 가장 존경하던 분은 한국 CCC를 이끄시던 김준곤 목사님이었다. '민족의 가슴마다 피 묻은 그리스도를 심어 이 땅에 푸르고 푸른 그리스도의 계절이 오게 하자'는 슬로건이 젊은 가슴을 뜨겁게 했다. 민족을 품은 지도자의 절절한 말씀에 이끌려 복음 전하는 교사, '평생 순장'의 소명을 품고 대학을 졸업했다.

ROTC로 임관하여 군 복무를 마치자마자 충남 서산의 시골 고등학교로 발령을 받았다. 공부 잘하고 집안이 여유로운 아이들은 도회지로 나가고 시골에는 학업 결손이 있거나 집안이 어려운 아이들이 대부분이었다. 수업에 집중하지 못하고 오히려 수업을 방해하는 아이들이 더 많아서 수업 진행이 참으로 어려운 상황이었다. 학생들이 대부분 먼 곳에서 버스를 타거나 걸어서 등교하는데 그것도 쉽지 않아 중간에 다른 데로 빠지는 학생도 많았다. 그 동네 아이를 오토바이 뒤에 태우고 결석한 아이의 집을 찾아 가정방문을 가기도 했다. 농촌이라 부모가 잘 돌볼 수 없는 환경이기에 오히려 선생님들을 더 의지하는 아이들에게 많은 관심과 정을 쏟았다.

나는 기독 교사로서 그리스도의 사랑을 전하는 일이 내 소명이라고 생각했다. 방과 후에 몇 아이들을 모아 성경공부를 시작했다. 한동네에 사는 아이들 네 명이었는데 그중 두 명만 교회에 다니고 있었다. 얼마 동안 지속했는지 무엇을 공부했는지 지금은 정확히 기억나지 않는데, 나중에 그들로부터 들은 바는, 눈이 많이 온 날 나의 신혼집에 와서 라면을 끓여 먹던 일이 제일 기억에 남는다고 했다. 그러나 이 일을 매년 지속하지는 못했다. 방과 후에 해야 할 일도 많았고 수업자체가 힘들어 지쳐 있었기 때문이었다.

대전이 직할시로 묶이던 1989년 3월, 우여곡절 끝에 대전에 입성하였다. 대전 입성은 경쟁이 치열했는데 하나님의 은혜로 가까스로 대전시 교사가 될 수 있었다.

기독 학생 동아리가 기독 교사를 부른다

학생들을 지도하면서 모범이 되는 아이들을 꽤 많이 발견하게 된다. 소위 좋은 학교일수록 그런 아이들이 많이 보인다. 나는 특목고(외고, 과학고)에서 오랜 기간 학생들을 지도했는데, 자기 관리를 잘하고 주변 친구들을 도울 줄 알며 모든 면에서 성실하여 모범이 되는 학생들을 많이 만났다. 그런 아이들은 대부분 신앙심이 투철한 학생들이었다. 그들은 대개 공부하는 목적을 분명히 갖고 있었다. 개인의 성공만 추구하는 것이 아니라 가족이나 사회에 기여하겠다는 포부를 갖고 있었다.

이런 아이들을 보면서 기도하며 공부하는 학생, 이웃을 섬길 줄 아는 사람으로 세우는 것이 기독 교사의 소명이란 확신이 들었다. 그래서 교회에서는 고등부 교사로 봉사하면서 학교에서는 기독 학생 동아리를 형성하고 키우는 일에 관심을 쏟았다. 어느 학교에 가든지 기독 학생 동아리가 있는지 확인하고 그들을 도왔다. 주님과 동행하는 삶을 사는 학생의 모습을 보는 것은 큰 기쁨이었다. 주님은 얼마나 더 기뻐하시고 그에게 복을 주시겠는가?

1997년부터 대전외고에서 근무하게 되었다. 대전외고에는 O.S.R(On the Solid Rock)이라는 기독 학생 동아리가 있다. 개교하면서 1기 학생들이 중심이 되어 구성한 동아리였는데, 학교 안에서 모임이 허용되지 않아 학교 앞 교회에서 금요일 저녁 시간에 모임을 가진다. 아이들이 열심히 모임에 참여하여 기도하고 찬양하며 또 친구들을 전도하여 80여 명이 모일 정도로 활성화되어 있었다. 특목고 아이들은 공부에 대한 압박감이 매우 큰데 함께 기도하면서 어려움을 이겨 내는 모습이 참으로 대견해 보였다. 같이 근무하던 선생님 두 분과 함께 모임을 돕던 일이 아름다운 보람으로 남아 있다. 7년간 외고에서 근무한 후, 다른 학교에 가서 근무하다가 10여 년 뒤 다시 외고에 교감으로 와서 보니 여전히 그 동아리는 지속되고 있었다. 그때보다 규모는 작아졌지만 참여하는 아이들은 모임을 통해 힘을 얻고 있었다. 교감으로 4년간 매주 금요일 저녁엔 O.S.R 모임에 참여하여 아이들을 격려하였다.

이런 동아리가 학교마다 구성되어 있는데 지도교사를 초빙하지 못해 어려움을 겪는 학교도 있다. 기독 교사 누군가는 관심을 갖고 이런 기독 학생 동아리의 울타리 역할이라도 해 주면 좋겠다.

그들 인생의 하이라이트를 위하여

기독 교사는 그리스도의 마음을 갖고 아이들을 지도하는 것이 당연하다. 우리 주님은 한 사람을 지극히 사랑하여 십자가를 지셨기에, 내가 맡은 아이들을 사랑하여 그들 인생의 하이라이트를 잘 준비하도록 돕는 것이 교사의 사명이 아닐까 한다.

나는 교육 경력 총 38년 2개월 동안 고등학교에서만 근무하였다. 아이들을 직접 지도하는 교사로 31년 8개월을, 6년

6개월을 교감과 교장으로 봉직하였다. 한 인간의 생애를 살펴보면 어느 때나 다 중요하지만 고등학교 시기가 일생을 좌우하는 시간이 아닐까 생각한다. 가치관과 삶의 자세를 형성할 뿐만 아니라 원하는 대학에 진학하여 자신의 꿈을 펼칠 준비를 하는 기간이기 때문이다. 그래서 고등학교 교사는 학교에서 보내는 시간이 상대적으로 길다. 아침 7시경 출근하여 밤늦게 퇴근하기 일쑤다. 특히 고3 담임을 할 때는 더욱 그러하였다.

고3 담임은 아이들과 함께 대입수능시험을 위해 함께 달려간다. 11월 초쯤 되면 아이들의 얼굴은 초췌해 있다. 안타까운 생각이 든다. 지쳐 쓰러진 아이들도 자주 보인다. 그럴 때면 그들을 위해 기도하게 된다. 육상 선수가 파이널 스퍼트를 힘차게 올려 마지막 결승선을 성공적으로 통과하는 것처럼 아이들이 마지막까지 최선을 다할 수 있도록 기도한다. 외고에서 고3 담임을 맡은 첫해에 아이들을 위해 40일 새벽기도를 해야겠다고 작정했다. 출석번호 순서로 처음부터 끝까지 이름을 떠올리며 기도했다. 한 번 그렇게 하니 다음 해에도 그다음 해에도 기도를 그만둘 수가 없었다. 대전외고에 근무하는 동안 고3 담임을 네 번 맡았는데 그때마다 아이들을 위해 올린 작정 새벽기도를 주님께서 기뻐하셨으리라 믿는다.

학교 경영, 기도하지 않을 수 없다

2014년에 교감 승진 대상자로 차출된 것은 하나님의 특별한 은혜였다. 차출 인원은 매년 변동이 있는데 나는 당시 33명 중 최하위 점수였음을 나중에 알게 되었다. 은혜로운 주님께서 나까지 차출되도록 인도하신 것이다. 할렐루야! 2015년 3월 대전외고 교감으로 발령을 받았다. 특목고여서 경력 있는 교감이 주로 가는 곳인데 초임 교감인 나를 보내주신 것은 하나님의 손길이 작용했음이 확실했다. 나의 젊음을 불태웠던 학교였기에 얼마나 감사한지 떨 듯이 기뻤다.

교감, 교장은 아이들을 직접 가르치지는 않는다. 그렇지만 학생들을 위한 최선의 교육과정을 디자인하고 그것을 실현할 수 있도록 선생님들을 지원함으로써 아이들에게 최상의 교육 내용을 제공해야 한다. 학생 개개인의 능력을 최대한 이끌어 내는 것은 선생님들의 역할이기에 선생님들이 좋은 분위기에서 협력할 수 있도록 돕는 것이 중요하다.

매일 아침마다 기도하며 학교의 변화를 추구했다. 교육과정을 합리적으로 조정하고 대학 수시모집에 대비하여 학생기록부 기록을 내실화하고, 면접 지도 시스템을 구축하여 입시 지도에 방점을 두었다. 외국어고의 특성을 살리기 위해 국제 교류도 확대하고 어떤 식으로든 그 언어권 문화를 경험할 기회를 확대하였다. 이 모든 일을 추진하기 위해서는 선생님들의 협력이 필요하기에 많은 토론과 협의를 거쳐서 선생님들의 참여를 이끌어 냈다. 그 결과 전국 16개 외고 중 5위 안에 들 정도로 좋은 입시 결과를 낼 수 있었다. 하나님께서 아브라함에게 "너는 복이 될지라"고 말씀하신 것처럼 내가 가는 학교마다 복을 주셔서 학교가 발전되게 하셨다. 기도하며 순종하고 용기 있게 추진하는 사람에게 주시는 복이라 믿는다.

2019년 3월, 100년 전통 대전고등학교 교장으로 발령을 받았다. 대전고는 전통적으로 대전고 출신이 교장으로 가는 학교인데, 대전고 출신이 아닌 내가 교장이 되니 주위에서 의아하게 바라보았다. 이것 역시 전적으로 하나님의 은혜였다.

10여 년 전에, 교감 승진을 바라며 교무부장으로 매일 밤 야근하며 근무하던 중 나의 남은 교직 생애를 그려 본 일이 있었다. 2015년쯤 승진하여 교감 4년, 교장 2년 반으로 정년을 맞이하면 좋겠다는 소망을 그냥 엑셀 파일로 만들어 보았다. 내 계획대로 되지 않는 일임을 알지만 그게 나의 소망이었다. 그런데 소름 돋을 정도로 놀랍게 그 소망이 그대로 이루어졌다. 주님께서 내 마음의 소원을 아시고 이루어 주신 것이다. 그것도 대전외고 교감을 거쳐 100년 전통 명문고인 대전고등학교 교장으로 취임하게 하셨다. 하나님의 은혜에 감사하며 낯선 교장실의 주인이 되었다. 그래서 더 기도하지 않을 수 없었다.

대전고는 근무 당시 야구부, 농구부가 있고 기숙사도 운영하는 큰 학교였다. 전체 38학급 1,000여 명의 학생, 100여 명의 교직원이 있었다. 과거엔 중부권 최고 명문고여서 훌륭한 인물들을 많이 배출했다. 그러나 거주지 중심으로 학생들이 배정되므로 이전만큼 명성을 날리지는 못해 약간은 자부심이 떨어진 상태지만 여전히 많은 동문들이 주목하고 있는 학교다.

학교 경영의 핵심 원리를 '신뢰'로 정했다. 신뢰받는 학교가 되자고 교직원들을 독려했다. 학생과 학부모에게 신뢰받기 위해 우리부터 실력을 갖추어야 한다고 역설했다. 나부터 신뢰받는 교장이 되기 위해 공정하게, 그리고 실력 있게 일을 추진하려 노력했다. 그리고 학생을 진정 사랑하는 마음으로 모든 교육 활동을 학생에게 집중할 것을 당부했다. 그래서 대학입시에 최적화된 시스템을 갖추도록 주문하고 많은 예산을 투입하고 격려했다. 야구부와 농구부도 최대한 지원하면서 투명하게 운영되도록 조정했다. 이 모든 과정에 교직원들의 협력이 우선되어야 하므로 '능력보다 화목'을 강조했다. 새로남교회 담임목사님의 목회 원리를 학교 경영에 도입했던 것이다.

야구부가 해외 전지훈련을 하겠다고 요청하여 학생들을 위한 일이기에 필리핀 전지훈련을 추진했다. 영어권 나라인 인도의 명문 사립학교와 상호 방문하는 국제교류의 길도 열었다. 학교 역사상 처음 시도해 보는 일이었지만 학생을 위한 일이었기에 학부모님들이 매우 좋아하고 교직원들도 신기한 듯 바라보았다. 이렇듯 교장 1년 차를 열심히 달리는데 2020년 2월부터 코로나 상황이 닥쳐 많은 활동이 제한되었다. 나는 더 기도하지 않을 수 없었다. 당시엔 학생 한 명이라도 감염되면 전교가 폐쇄되는 엄중한 상황이었다. 이웃 학교들이 차례로 폐쇄되는 상황, 야간자율학습도 점차 약화되는 상황에서도 기도하는 교장이 있어서 한 명의 감염자도 없이 기숙사와 급식실, 방과후학교와 야간자율학습이 정상 운영되었다. 할렐루야!

성과는 대학입시에서 나타났다. 4년제 대학 진학률과 특히 서울대학교 합격생 수가 증가하면서 선생님들이 먼저 놀라고 이 소문이 퍼지면서 중학교 학부모들의 관심이 쏠리기 시작했다. 우수한 학생들이 많이 몰리면서 지금은 대전시 인문계고 중 최고 학력의 학교가 되었다고 한다. 정성을 쏟았던 야구부도 내가 퇴임하던 해 준우승, 이듬해엔 대통령 배 우승(28년 만에)이라는 쾌거를 이루었다. 아쉽게도 정년이 되어 나는 학교를 떠났지만 그 열매가 아름답게 맺히는 걸 보면서 오직 하나님께 영광을 돌린다.

교육은 사람을 키우는 일이다. 사랑과 정성이 깃든 최상의 경험을 학생들에게 제공하는 일이 교육이다. 그러나 사람의 마음에서 항상 사랑과 정성만 나오는 것은 아니다. 여전히 죄의 본성을 갖고 사는 인간이기에 때론 미움과 원망, 이기심과 게으름이 기어 나오기도 한다. 그러므로 기도하지 않을 수 없다. 나 자신을 극복하기 위해 성령님의 도우심이 필요하고 어려운 문제를 해결하기 위해 주님의 도우심을 구해야 한다. 그 때마다 하나님이 도우시는 은혜의 발자취가 나의 교직 생애였다. 영광의 주님께서 함께하심으로 성도인 나는 그 영광 안에서 은혜를 누리는 것이다. 할렐루야! 주님, 감사합니다.

따라 읽는 교육자 기도문 _중·고등학교

중·고등학교 교사, 학생, 학부모를 위해 기도해 주세요.
다음 기도문을 따라 읽으며 기도합니다.

교육자를 위해 기도합니다

많은 수업과 업무를 능히 감당할 수 있는 힘을 주시고 청
소년기 학생들을 예수님의 사랑으로 품어 낼 수 있도록
도와주세요.

학생을 위해 기도합니다

몸이 자라는 만큼 인격도 성숙하게 하시고 주위를 살펴
어려운 사람을 돕는, 사랑 많은 어른으로 자라나게 이끌어
주세요.

학부모를 위해 기도합니다

사춘기 자녀를 양육하며 수고하는 부모님들에게 동반 성
장의 은혜를 허락해 주세요. 다음 세대를 모범으로 가르치
는 부모 세대가 되길 소망합니다.

12

주도권을 내어 드리고
능력자의 종으로!

진리를 알지니 진리가 너희를 자유롭게 하리라_요한복
음 8:32.

이일근 한남대학교 교수

경북대학교 전자공학과를 졸업하고 오리건 주립대학교에서 전기 및 컴퓨터공
학 전공으로 석사, 박사학위를 취득하였다. 한남대학교 전기전자공학과 교수
로 재직하며 한남대학교 공학교육혁신센터장, 교수학습지원센터장, 공과대학
장을 역임하였다. 학술 발전에 기여한 공로를 인정받아 제6회 전자정보통신 학
술대회 우수논문상(한국통신학회), 한국전자파학회장 공로상, 대한전자공학회
장 공로상 등을 수상하였다. 새로남교회 장로와 순장, 서대전노회 총대로서 섬
기고 있으며, 교수선교회 회원으로도 활동하고 있다.

본토 아비의 집을 떠나라

지난 35년간 오로지 한 대학의 강단을 지키며 2천여 명의 후학을 양성할 수 있는 축복을 누리다가 현재 나는 은퇴를 6개월 앞두고 있다. 지금까지 나로 빚어지는 과정에는, 절대자의 인도와 역사하심이 아니라면 설명되지 않을 큰 시간적·공간적 변곡점이 있었다. 이제 내 삶에 함께하신 절대자의 손길과, 그 능력의 손을 붙잡았을 때 내게 임한 축복을 나누어 보고자 한다.

1984년 6월 어느 날, 김포공항에는 몇 명의 사람이 모여, 비장한 얼굴로 국제선 출국 라인에 선 나를 환송하고 있었다. 부모님, 친지들, 그리고 지금의 아내인 여자친구의 눈물 어린 시선이 나의 뒤통수를 붙잡았지만, 어머니가 전날 밤에 정성스레 속옷에 꿰매어 주신 전대를 꼭 붙잡고 결연히 미국행 비행기 트랙에 올랐었던 40년 전의 기억이 지금도 생생하다. 전대에 들어 있던 7천 달러(당시 약 490만 원)는 학비를 포함한 3개월간의 생활비였고 내 인생을 책임져 줄 나의 전 재산이었다.

미국 유학 전까지 만 25세 3개월 동안 내가 살아왔던 인생은, 돌이켜 보면 지우고 싶을 정도로 부끄럽고 가치 없이 보낸 듯 여겨질 때가 많다. 하지만 야곱이 얍복강 가에서 하나님을 만나 이스라엘이 된 것처럼, 예수님의 탄생으로 인류의 역사가 BC와 AD로 나뉜 것처럼, 내 인생의 처음부터 지금까지 나를 선택하시고 인도하시고 사용하신 주님의 은혜가 속속들이 배어 있는 생애를 부인하거나 무시할 수 없음을 고백하며, '나의 BC'에 대해 잠깐 언급해 본다.

나는 직업군인이셨던 완고하고 목표 지향적인 아버지와 가녀리지만 자녀와 가정을 위해서는 어떤 것도 아끼지 않는 어머니 사이에 장남으로 태어났다. 태어날 당시 온몸에 태를 칭칭 감고 있어서 어머니의 생명이 위태로울 뻔하였다고 들었다. 나는 수원에서 태어나 당시에는 흔치 않았던 유치원 교육도 받았고, 서울에서 초등학교를 다니던 저학년 시절에는 늘 깔끔한 복장으로 어머니가 정성스레 챙겨 주신 도시락을 자랑스럽게 가지고 다니면서, 서울 전역에서 촉망받는 영재 취급을 받을 정도로 총명했다고 들었다. 그렇지만 서울에서 다시 수원으로, 또 대구로 이사와 전학을 다니면서, 내 마음속에 또 언젠가는 타의에 의해 낯선 곳으로 가서 적응하며 눈치를 보면서 살게 될지도 모른다는 두려움이 체험적으로 자리 잡힌 듯하다. 이렇듯 어린 시절 여러 번 전학을 다니면서 낯선 집단에서 잘 적응해 살아남기 위해서는 엘리트가 되어야 한다는 인식이 마음속에서 굳어졌고, 사람을 외모와 성적으로 판단하면서 내가 사귈 사람과 그러지 않을 사람을 나눴던 것 같다. 그러다 보니, 고교 시절엔 학급 내에서 3년간 한 번도 말을 섞어 보지 않았던 친구가 여럿일 정도로 편협

한 대인관계를 형성하게 되었다. 그럼에도 불구하고 당시 나는 자타가 인정하는 전도유망한 수재 대우를 받으며 좋은 대학과 학과에 진학하는 것이 당연한 듯 의기양양한 시간을 보냈었다.

하지만 예상치 못한 상황이 벌어졌다. 돌이켜 보니, 하나님께서 나를 부르셔서 사용하실 계획을 가지고 계셨음을 깨닫게 된 첫 번째 결정적 사건이었다. 고3 말에 치러진 대학수학능력시험(당시 예비고사)에서 서울대학교의 원하는 계열에 지원하기에는 애매한 점수를 받고 만 것이었다. 약학 계열이나 지방 의대에 맞추어 보자는 진학 지도 선생님의 권유와 아버지의 협박과 회유를 강하게 뿌리치고, 나는 지방국립대 전자공학과를 선택하여 진학하게 되었다. 그때 왜 내 적성과 상관없이, 내 성적에 훨씬 못 미치는 집 근처 대학을, 그렇게 완고하게 일고의 여지도 없이 선택했는지는 지금도 확실히 설명할 수는 없다. 앞서 언급했던 초등학교 시절의 잦은 전학으로 인한 환경 변화에 두려움이 컸을 것으로 짐작되지만, 나의 이 결정은 자만심과 옹고집으로 똘똘 뭉쳐 있던 나를 완전히 깨뜨리는 전조가 되었다.

고교 3년 동안 친했던 친구들은 나를 제외하고는 모두 서울대와 나와 같은 대학교의 의과대학에 진학한 상태라서, 학부 초기에는 이들과만 어울리며 함께 미팅도 하면서 보냈는데, 이때 비로소 사회의 객관적 잣대로 비교당하는, 인생의 쓴맛과 장벽을 체험하게 되었다. 고교 시절과는 180도 달라진 차별을 스스로 느끼면서, 점점 학교생활에 대한 흥미도, 삶의 의미도 사라지고, 빨리 대학 시절이 끝나기를 바라며 술과 운동으로 소중한 20대 초반을 무의미하게 흘려보내고 있었다. 그러던 중 친구의 동아리 후배였던 지금의 아내를 캠퍼스에서 만나면서 내 인생의 또 다른 전환점을 맞게 되었다. 2년 이상 시간과 노력을 들여 아내의 마음은 얻었지만, 또 다른 고민거리가 생긴 것이다.

당시 지역 유지이자 유교적 뿌리가 깊은 아내 집안에서 결혼 허락을 얻기에는, 나의 현재 조건이나 위치가 너무나 초라하고 불안정함을 스스로 인식했다. 고심 끝에 미국에 가서 학위를 취득하고 교수가 된다면, 집안 어른들의 허락을 득할 수 있으리라는 막연한 기대감으로 유학을 결심하게 되었다. 일단 결정한 다음에는 앞뒤 가리지 않고 추진하는 성격이었던 나는, 일사천리로 미국 대학원 유학 준비를 진행하였다. 6개월 만에 대충 TOEFL 세 번과 GRE 시험(미국 대학원수학자격 시험) 한 번을 본 후, 가장 좋은 조건을 제시한 미국의 주립대학교로 진학하게 되었다.

주님이 주신 능력으로

이렇게 시작된 미국 유학 생활 초기는 그야말로 좌충우돌, 나의 소견에 옳은 대로 행하던 시기였다. 그러나 하나님은 이곳에 나를 향한 계획을 세우시고, 마치 다메섹 도상에서 예수님을 만난 바울을 위해 바나바와 같은 귀한 동역자들을 붙여 주신 것처럼, 믿음의 식구들을 예비해 놓으시고 끈질기게 나를 향한 구원 계획을 성취시키셨다.

나는 나름대로 준비를 철저히 하고 추진력이 있어서, 처음 가는 외국임을 고려하여 유학 장소에 대한 사전 조사를 실시했다. 공항 운전과 거처를 구하는 데 도움을 얻고자 한인 학생회에 내 증명사진까지 부착된 자기소개서와 편지를 써서 보냈고, 공항에 마중을 나오겠다는 한인 학생회 회장의 답장을 받았다. 그런데 미국 공항에 도착하니 마중을 나온 한인 학생회 임원들은, 그 지역에 단 하나뿐인 한인 교회 집사님들이라고 자신들을 소개하였다. 처음에 매우 불쾌했음에도 일방적으로 도움을 받아야 할 처지이다 보니 싫은 내색을 할 수 없었다. 나는 당시 교회를 다니는 사람들을 별 이유도 없이 적대시했었는데 굳이 이유를 따져 보면, 어릴 때 집 근처에 있던 교회의 넓은 마당에서 놀려고 하면, 사찰 집사님이 빗자루를 들고 무섭게 혼내던 기억 때문이 아닌가 싶다.

편협한 생각과 자기 고집이 충만한 나를 나보다 훨씬 잘 아시는 주님은, 나를 이대로 그냥 두어서는 절대 안 되겠다고 생각하신 듯하다. 결혼을 위한 학위 취득이라는 참으로 부끄럽고 졸렬한 이유로 나를 본토 아비의 집을 떠나 혈혈단신으로 이역만리 미국 땅으로 보내시더니, 결국은 내가 그토록 싫어하던 교회로 인도하시고 나 스스로 백기를 들고 주님을 영접할 수밖에 없는 환경을 만들어 주셨다. 그때 공항에 마중 나왔던 한 선배님 부부의 따뜻한 배려와 끈질긴 전도를 통해, 처음에는 사람에 대한 미안한 마음과 가끔은 한국 음식에 대한 그리움에 억지로 교회에 발을 들여놓기 시작하였다.

한편으로는 한국에서 여자친구가 나를 기다리고 있으니, 하루빨리 석사학위를 취득하고, 박사 과정에 들어간 후 청혼하여 박사 과정부터는 함께해야겠다는, 내 나름대로 세운 계획을 실현하기 위해 열심히 공부하였다. 하지만 1970년대 말부터 1980년대 초까지 우리나라는 매년 데모로 인해 대학 수업이 제대로 진행되지 않았기에 전공 공부가 부족했고, 영어에는 나름 자신이 있긴 했으나 워낙 준비 기간이 짧았기 때문에, 내 의지나 능력만으로는 도미했던 목적을 이루지 못할 것 같다는 불안감이 엄습하였다. 더구나 급한 마음에 석사 과정을 시작한 지 6개월 만에 겁도 없이 석사 졸업시험(Qualifying Exam)을 신청해 놓고서는, 불안한 마음이 계속 커지며 가슴에 돌덩이를 얹어 놓은 듯한 부담감으로 잠을 이루지 못하는 상황까지 이르렀다.

그러자 억지로 가끔 교회에 출석하며 들었던 목사님의 설교 말씀이 생각났다. 전능하신 하나님이시라면 나에게 이 목적을 이룰 능력을 주실 수 있지 않을까 하는 마음이 내 깊은 내면을 울리기 시작했다. 이때부터 절박한 심정으로 새벽을 깨우며 간절히 기도하고, 학교로 달려가는 일을 반복했다. 놀랍게도, 주님은 이런 나를 불쌍히 여겨 주셔서 석사 과정 시작 9개월 만에 석사 졸업시험과 박사 과정 입학시험에 동시에 합격시켜 주셨다. 그리고 실험 조교도 하게 되어 이제 청혼해야겠다고 결심하였지만, 당시 상황으로는 자유롭게 한국을 드나들 형편이 아니었다. 이때 처음으로 주님께 서원을 하였다. 한국에 있는 여자친구와 결혼하게 해 주신다면, 주님이 기뻐하시는 일을 하며 살겠다는 기도를 간절히 드렸다.

드디어 1986년 여름에 잠깐 한국에 귀국하여 그토록 원하던 결혼을 하게 되었고, 아내와 함께 미국으로 다시 돌아와서 두 사람이 함께 박사 과정을 시작할 수 있게 되었다. 이 모든 일을 주님께서 허락해 주셨음을 지금도 확신한다. 그로부터 1년여가 지난 후 부흥회를 통해 주님을 인격적으로 만나게 되었고, 이때부터 구원의 감격과 주님 안에서 참평안을 경험하게 되었다(계 3:20). 그 후 믿지 않던 아내도 주님을 영접하면서 1988년 말에는 함께 세례도 받고, 서리집사가 되어 재직으로 섬길 수 있게 되었다. 감사하게도 부모님도 우리를 통하여 하나님을 믿게 되면서, 우리 가문에서 믿음의 1세대가 시작되었다. 만 30세가 되는 1989년 말 박사학위 논문 심사를 마치고, 1990년 3월부터 기도하던 대로 주님의 이름으로 세워진 대학에서 후학을 가르치는 은혜를 주님께서 허락해 주심으로 우리 가족은 아무 연고도 없던 대전에 정착하게 되었다. 귀국 후 처음에는 미국에서 출석하던 교회 목사님이 소개해 주셨던 교회에 출석하다가, 교환교수로 1996년 초에 미국에 다녀온 후 1997년 10월에 주님은 우리 가족들을 인도하셔서, 새로남교회와 오정호 담임목사님을 만나게 하셨다.

인생의 주도권을 주님께 드릴 때

결혼하기 위해 학위를 받아야겠다는 유치한 목적을 가지고 홀로 유학길에 올랐던 나를 주님은 불쌍히 여기셔서, 그곳에 예비해 놓으신 주님의 사람들을 통해 주님을 만나게 하셨다. 내 삶의 주도권을 나 자신으로부터 주님께 이양하는 과정을 거치게 한 후에, 원래 내 유학의 목적이었던 결혼과 학위뿐 아니라 일평생 주님의 일꾼으로 살고자 하는 믿음과 소망을 주셨고, 소중한 가족들과 함께 한국으로 귀환하도록 은혜와 축복을 허락하셨다.

더욱 감사하게도, 새로남교회에서의 신앙생활은 영적으로 어린아이와 같던 나를 성장시켜 준 또 하나의 귀한 전환점이 되었다. 2003년에 제자·사역훈련을 통해 내 인생의 주도권을 주님께 온전히 드리는 훈련을 받았고, 이어 순장 사역과 전도폭발훈련, 평신도 성장 프로그램, 고등부 교사, 대학부 부장 등 교회 내에서 많은 영적 훈련과 섬김의 활동을 통해 나 자신보다 먼저 하나님과 이웃을 위해 시간과 재정을 관리하는 변화가 생겨났다. 또한 담대하게 언제 어디서나 복음을 선포하며 주의 자녀로서의 정체성과 주님의 제자로서의 사명감을 가지고 말과 행동이 일치하도록 최선을 다하려는 자세를 가지게 되었다.

이를 통해 주님은 내가 교육자로서 또한 가장으로서 소명을 잘 감당할 수 있도록 나와 우리 가정에 폭포수와 같은 은혜를 허락하셨다. 사랑하는 두 딸이 부모와 떨어져 미국에서 사춘기 시절을 지내는 동안, 우리 부부에게 믿음으로 기도하게 하셨고, 그들이 영성과 건강과 본분을 잘 지키도록 인도해 주셨다. 큰딸에게는 참으로 귀한 배우자를 만나 믿음의 가정을 세우고 두 아들까지 주시는 축복을 허락하셨다. 지금은 미국의 건강한 교회에서 직분자, 순장으로 섬기고 있다. 작은딸도 돕는 손길과 기도 응답을 통해 신앙을 잘 지키면서 대학을 졸업한 후 미국에서 직장생활을 하다가 한국으로 돌아와,

좋은 교회와 목사님을 만나는 복을 누렸다. 직장에서 성실하고 창의적인 그리스도인이 되어 날마다 주님의 은혜를 누리고 감사하며 살고 있다. 내년 3월에 담임목사님의 주례로 둘째 아이가 결혼을 하게 되었는데, 그 신랑감이 우리 교회에서 내가 대학부 부장으로 섬길 때 신앙생활을 했던 대학부 출신이라는 사실을 알고 주님께 더욱 감사한 마음이 들었다. 더욱 겸손하게 제2의 인생을 살기로 결단하였다. 이렇게 가족 이야기를 언급한 이유가 있다. 중언부언 기도하지 않기 위해 매년 자녀를 위한 기도문을 작성하고 기회가 될 때마다 낭독하며 기도드렸는데 주님께서는 부족한 나의 기도들을 차고 넘치게 허락하셨다. 그 주님의 사랑과 은혜의 풍성함을 고백하기 위해서다.

아울러 주님은, 내게 허락하신 가정과 자녀들을 통해 학교 사역의 비전과 행동 양식도 허락하셨다. 아무것도 모르던 30세에 학생들을 가르치고 지도하는 입장에 섰으니, 당시 제자들에게는 교수로서 부족한 점이 많았다. 허나 주님이 심어 주신 캠퍼스에서 참된 인격과 긍휼과 열심, 나눔과 실력을 갖춘 그리스도인 교수로서 제자들에게 신앙의 본이 되고자 애쓰며 지금까지 달려 왔다. 우리나라 대학 캠퍼스의 실질적 기독교인 비율이 2% 미만의 미전도 종족과 같은 수준이 되어버린 지금의 상황에서도, 강단에서 당당히 주님을 전하며 기독 동아리 학생들을 지도하고, 학생들에게 지식을 전수하는 것을 넘어, 상처 받고 자신감을 잃어버린 학생들이 사회의 주역이 될 수 있도록 꿈과 희망을 심어 주고자 노력하고 있다.

부끄럽지만 이러한 노력과 관련된 몇 가지 실례를 나누어 본다. 1990년대 초반만 해도 캠퍼스에서 말씀을 전하거나 강단에서 조심스럽게나마 예수님에 대해 얘기할 수 있는 분위기였다. 하지만 수업시간, 믿지 않는 학생들에게 복음을 전한다는 것은 그 당시 교수가 교실에 들어오면 학생 대표가 '차렷, 경례'를 하던 교실 분위기를 감안하더라도 내 양심상 갑질 같다는 생각이 들었다. 하지만 주님이 나를 이 학교로 보내서 강단에 세우신 데는 그만한 이유가 있으리라는 생각이 들었다. 기도하는 가운데, 우리 자녀들이 미국에 처음 가서 겪었던 언어 장벽과 나의 대학 시절이 생각났다. 당시 우리 전자공학과 학생 중에는 학력고사(수능의 당시 표현) 성적이 안 좋거나 영어가 약해서 자신의 실력에 비해 낮은 학교에 마지못해 앉아 있다고 생각하며 적응하지 못하는 아이들이 꽤 되었다. 이런 제자들에게 황금 같은 대학 4년을 허비하고 멀리 돌아서 나중에 주님을 만나는 일이 없도록 도울 방법이 없나 고심하던 중에, 학생들의 영어실력 향상을 돕고, 당당히 주님을 전할 기회를 얻도록 '영어성경공부반'이란 지혜를 허락하셨다. 공식 공고로 학생들을 모집하고, 약간의 간식을 준비하였다. 학생들과 나는 수업 시간 전인 오전 7시 50분, 주중 2, 3번씩 모여 NIV성경 요한복음을 가지고 영어성경공부를 시작했다. 지금도 그때의 좋았던 기억을 떠올리며 감사를 표하는 제자들을 만날 때마다 행복함과 감사함이 마음속에 솟구친다.

또한 내 수입의 일부분을 학생들을 위해 사용하고, 그들과 호흡을 맞추고 눈높이를 조절하기 위해 열심을 내 왔다. 재직 초기에는, 가정형편이 어렵거나 열심히 노력하는 학생들에게 재정적인 도움으로 격려해 주고 싶었지만 내 급여로는 한계가 있었다. 그래서 어머니에게 나의 마음과 취지를 설명드리고, 어머니가 받는 연금 중 일부를 장학금으로 내는 방안을 조심스럽게 타진했는데 너무나 흔쾌히 동의하셨다. 그때부터 학과에서 처음으로, 일정 금액을 '이○○ 장학금'이라는 이름으로 매달 적립하였다. 그 후 10여 년이 지난 뒤에도 내가 지원을 이어받아 필요한 학생들에게 지급해 오고 있다. 이러한 취지에 동의한 제자가 거금을 쾌척하여 '김○○ 장학금'을 만들었고, 또한 내 친구가 최근 큰 액수의 돈을 장학금으로 희사하기도 했다. 이렇게 모은 기금으로 학생들을 격려하면서 실질적 도움을 주고 있다. 이제 우리 학과에는 은퇴하시는 교수님들이 장학금을 내는 분위기가 자연스럽게 형성되어, '네 물질이 있는 곳에 네 마음이 있다'는 진리의 말씀이 캠퍼스에서 구현되고 있다.

예전에 내가 사역훈련을 받을 때부터 만들어 사용해 왔던 명함이 있다. 콥틱 교도들이 자신들의 손목에 십자가를 새기는 마음으로 '새로남교회 집사'라는 직분과 말씀을 기록함으로써 나의 신앙 정체성을 스스로와 사회에 과감히 드러내며, 당당하면서도 책임감 있는 그리스도인으로 살기 위해서 힘썼었다. 이제 은퇴를 6개월 정도 남겨 두고 있다. 아무 공로 없는 자에게 넘치도록 부어 주신 주님의 사랑을 받은 자로서, 앞으로도 우리 주님과 제자들, 그리고 가족들에게 부끄럽지 않은 주님의 충성된 일꾼으로 은퇴 이후의 삶을 살 것을 결단해 본다.

이러한 결단을 실천함으로써 섬김이 필요한 곳, 기도가 필요한 곳, 전도가 필요한 곳, 화합이 필요한 곳, 격려가 필요한 곳에서 겸손한 모습으로 살아가길 소망한다. 캠퍼스와 가정과 교회와 사회에서 사람들을 세워 가고, 주님 사랑과 이웃 사랑의 간증이 넘치는 삶으로 언제 어디서든지 덕을 끼치고 본이 되는 교수와 장로가 되길 원한다. 무엇보다 이 땅에서 내게 주어진 기간에 죽도록 충성하다가 주님 앞에 설 때에 "잘하였도다. 착하고 충성된 종아!"라는 칭찬을 받게 되기를 간절히 소원하며 기도한다.

13

그리스도인 교수가
된다는 것

마땅히 행할 길을 아이에게 가르치라 그리하면 늙어도
그것을 떠나지 아니하리라_잠언 22:6.

김대수 KAIST 교수

KAIST 뇌인지과학과 교수로서 생명과학대학장을 맡고 있으며 신약개발기업
(주)HLB뉴로토브 대표로 일하고 있다. 뇌과학자로서 본능행동을 연구하고 있
으며 파킨슨병 등 뇌질환 치료제를 개발하고 있다. 저서로 《뇌과학이 인생에
필요한 순간》(브라이트), 《1.4킬로그램의 우주, 뇌》(공저, 사이언스북스)가 있으며
TvN '어쩌다 어른', '유키즈온더블럭'에 출연한 바 있다. 새로남교회 집사로서
청년2부 두나미스 부장과 연극팀 브릿지에서 봉사하고 있다.

나는 교수로서 성공하지 않겠다

2004년, 9월 6일, 교수가 된 지 20주년을 맞아 제자들이 깜짝 기념식을 열어 주었다. 미국에 있는 연구실 첫 번째 제자가 영상편지에 등장해 20년 전 내가 KAIST에 부임했을 때 학생들에게 한 약속을 상기시켜 준다.

"저의 목표는 큰 연구실을 만들어 교수로 성공하는 것이 아닙니다. 자연의 아름다움을 알고 연구의 기쁨을 알고 그것을 누구에게나 나눌 수 있는 인간이 되는 것입니다."

순간 내 마음이 떨렸고 많은 생각이 스쳐 갔다. 그때 나는 왜 그런 약속을 하였을까? 학생을 잘 지도하면서 좋은 연구 성과를 내어 더 큰 연구비를 받아 연구실을 확장하고 더 많은 학생과 더 많은 연구비를 수주하는 것이 교수 성공의 선순환 방정식이 아닌가?

기억을 더듬어 보니, 당시 나는 꽤 유명한 과학자였다. 대학원 학생 때 〈네이처〉지에 논문을 내고 박사후연구원으로 일한 첫 직장에서 〈사이언스〉지 등에 논문을 발표하는 등 당시 최고의 논문 실적으로 주목받았다. 그렇게 모든 것이 순조롭게 흘러갈 무렵, 록펠러대학교 연구교수, 미국 뉴욕주립대학교 및 KAIST로부터 교수 제안이 왔고 나는 2004년도에 KAIST에 조교수로 부임하였다.

내가 학생들 앞에서 한 말의 근원을 추론해 보건데, 교수로서 성공에 연연하지 않고 더 높은 차원의 교수가 되겠다고 다짐했던 것으로 보인다. 그러나 신임 교수의 포부와 달리 교수 생활은 순탄치 않았다. 교수가 된 후 내가 가진 전문 기술과 연구 분야가 유행이 지나 더 이상 주목받지 못했다. 그만큼 연구도 어려워지고 연구비 수주도 어려워졌다. 연구 분야를 바꾸었더니 3년이 지나 5년이 되어도 논문을 작성할 데이터가 완성되지 않아 상황은 더욱 악화되었다. 어느 해는 연구원 인건비를 주지 못한 시기도 있었다. 주변에서 연구를 못하는 것이 아닌가 수군거리는 소리가 들렸고 실제로 학과에서 경고도 받았다.

2010년도 이후 드디어 논문을 내고 나름대로 뇌 질환에 대한 새로운 이론을 발표했는데 학계의 반응은 기대와 달랐다. 이론은 파격적이나 믿지 못하겠다는 것이다. 따라서 이전에 〈네이처〉나 〈사이언스〉 같은 좋은 학술지에 논문을 내는 것은 당연히 불가능했다. 그즈음 어려움에 처한 후배 교수의 오해를 풀려다 문제가 생겨 학과장 눈 밖에 났다. KAIST 조교수는 정년 보장을 받기 전에는 계약직인데 재계약을 1년 받았다. 1년 뒤 심사에 통과하지 못하면 학교를 그만두고 나가야 되는데 그렇게 1년 재계약을 세 번이나 받았다. 한마디로 성공한 교수가 되지 않겠다는 공약을 확실히 지킨 셈이다.

나의 인생을 바꾼 선생님들

인생의 어려운 순간마다 버틸 수 있었던 것은 어린 아이였던 내가 성장하는 과정에서 만난 선생님들 덕분이다. 첫 번째는 어머님이시다. 어머님은 미대 서양학과를 졸업하시고 중학교 미술 선생님으로 교편을 잡으셨다. 고등학교 때 어느 집회에서 복음을 듣고 그리스도인이 되셨다. 우리 집에서 유일한 그리스도인이셨던 셈이다. 돌아보면 어머님은 딱 한 번을 제외하고는 내 평생 잔소리와 야단을 치신 적이 없다. 다섯 살 때 중국음식점에서 돈을 훔치고, 욕을 배워 따라하기 시작하고, 거짓말을 하는 아들을 집 밖으로 내보내 벌을 세우신 것이 유일한 훈육이었던 것으로 기억한다. 돌아보면 나는 집중력 장애가 있었다. 아마도 심한 ADHD였을 것이다. 숙제를 집에서 해 간 적이 없고 수업 시간에 노트 필기도 하지 않았다. 일부러 안한 것이 아니라 숙제가 있었는지 몰랐고 수업 중엔 딴 생각이 나서 집중할 수 없었다. 어느 날 학부모 면담을 하면서 어머님께서 그 사실을 알게 되셨다. 집에와 내 노트를 펴 보시고는 담임선생님 말이 사실임을 아셨다. 어머님은 노트를 들고 친구 집에 가서 친구 노트를 베껴다 주셨다. 그리고는 아무 말 없이 노트를 내 책상 위에 놓으셨다. 나는 글씨가 빼곡히 적힌 노트를 보고 뭔가 알 수 없는 느낌을 받았다. 그 느낌을 표현할 수 없지만 내가 학문의 길을 가게 된 운명의 첫 열쇠였고 학자로서 정체성을 가진 이후에도 지속되는 강력한 기억이 되었다.

나의 인생을 바꾼 두 번째 선생님은 친구 어머님이시다. ADHD 소년의 특징은 충동성, 폭력성이다. 초등학교 4학년 어느 날 미술 시간에 친한 친구가 코피를 흘렸다. 내가 주먹으로 쳤기 때문이었다. 친구가 나의 미술 작품을 만지려 하자 충동적으로 때린 것이다. 어느 날 그 친구가 나를 집으로 초대했다. 맛있는 음식을 먹고 장난감을 선물받고 행복한 시간을 보냈다. 그 친구가 화장실에 간 사이 친구 어머니가 나를 부르셨다. 피 묻은 담요를 보여 주시면서 친구가 나에게 맞은 이후 밤이 되면 자주 코피를 쏟는다고 하셨다. 그리곤 "오늘 보니 넌 참 착한 아이구나. 사이좋게 지내라" 하고 말씀하셨다. 나는 그 순간 엄청난 느낌이 몰려왔다. 첫 번째는 죄책감이었고 그다음은 용서받은 느낌이었다. 울컥거리는 가슴에 눈물을 글썽였다. 깊은 무의식에서 깨달음과 감정을 이끌어 내는 능력이야말로 훌륭한 교사의 조건이다. 내가 교수로서 학생을 지도할 때 팩트를 전달하되 그것을 받아들일 수 있는 환경과 조건을 만들려고 하는 것은 바로 그 친구 어머님께 받은 영향이 컸다.

세 번째 선생님은 나를 교회로 인도한 선생님이시다. 초등학교 5학년 때 운동장에서 놀고 있는데 한 선생님이 나를 멀리서 보고 이리 오라고 손를 흔드셨다. 담임선생님은 아니셨는데 그리스도인으로 아이들을 전도하고 계셨던 것으로 추측된다. 그날이 주일이라 선생님은 나와 함께 놀던 친구들을 데리고 주일 저녁예배에 참석했다. 그날 저녁 특송이 있었는데 나와 친구들에게 타악기를 주시고는 함께 공연을 했다. 나는 선생님이 나를 부르던 그 장면이 갈릴리 바닷가에서 예수님이 제자들을 부르시던 모습과 늘 오버랩된다. 오늘도 예수님은 누군가에게 손짓하고 계신다. 전도란 예수님 대신 누군가를 이리 오라고 부르는 것이다. 운동장에서 부름 받은 이후로 나는 지금까지 교회에 다니고 있다.

교회 생활을 하면서 나는 집보다 교회가 더 좋았다. 학교 끝나고 하교 길에 교회에 들러 기도하고 교회 사찰 전도사님 댁에서 친구와 놀곤 했다. 교회 청소를 하며 절기마다 예배당을 장식하고 주보도 제작하면서 중고등학교 시절을 보냈다. 고등학생이 되었을 때, 소박한 꿈이 하나 생겼다. 그리스도인 대학생으로서 교회와 사회에서 봉사하는 것이다. 전공은 무엇이든 상관이 없었다. 그저 대학생 타이틀을 달고 청년부에 소속되어 주일학교 교사로 섬기고 어려운 사람들을 돕는 것이 가장 행복한 목표가 되었다. 그런데 그 꿈이 쉽게 무너졌다. 1985년 고1 때 우리 학년 전체가 1986서울아시안게임 개막식에 차출된 것이다. 2년여 가량을 춤추다 보니 학업이 뒤처졌고 고3 첫 번째 모의고사 성적으로는 국내에서 갈 수 있는 대학이 없을 정도였다. 다행히 학년 전체가 함께 아시안 게임을 준비했기에 내신 등급은 중간 정도를 유지할 수 있었다. 1987년도 학력고사에서 역시나 떨어져 재수를 하게 되었다.

원래는 88학번이 되었어야 했는데 89학번으로 서강대학교 생물학과에 입학했다. 교회 청년부, 주일학교 교사, 성가대 등 교회 봉사를 하고 캠퍼스에서는 예수제자운동(JDM) 선교단체에서 성경공부하고 매일 아침 기도회로 시작하며, 캠퍼스에서 전도하고 장애인 봉사활동을 하는 등 바쁘지만 행복한 신앙생활을 하였다. 그리스도인 대학생이라는 인생의 목표를 달성한 셈이었다. 그런데 학년이 올라갈수록 취업에 대한 걱정이 생기기 시작했다. 당시 생물학 전공으로는 취업이 어렵기에 선배와 동료 들은 전과를 하거나 다양한 취업 준비를 하고 있었다. 당시 취업을 하기 위해서는 영어능력 평가 점수를 높게 받아 놓거나 교사 자격증을 따야 하고 고시나 유학을 준비하는 것이 당연했다.

그러던 어느 날 나의 운명을 바꾸는 선생님을 만나게 되었다. 재활원에서 근긴장이상증 장애를 가진 친구를 만나러 가는 날이었다. 밖에 나가 놀자고 했는데 이 친구는 공부를 해야 한다고 했다. 난 "넌 왜 공부하려고 하니?"라고 질문했다. 사실 그 친구의 상황에서는 공부를 해도 대학에 입학하거나 취업하는 것이 어려울 텐데 공부가 무슨 의미일까 궁금했다. 대학 입학도 어렵고 졸업 후 취업도 어려운데 앉지도 서지도 못하는 장애인이 공부를 하겠다고 하니, 현실을 알려 줘야겠다는 마음도 있었다. 그 친구는 서슴지 않고 답했다.

"공부를 해야 남들을 도울 수 있잖아요. 제가 언제까지 도움만 받겠어요. 선생님처럼 어려운 사람을 돕고 싶어요. 그래서 공부 열심히 해야 돼요."

머리를 망치로 맞은 듯 고통스러웠다. 애써 외면하려 했지만 그 친구가 내 인생의 딜레마를 정곡으로 찌른 것이다. 그리스도인으로서 봉사하며 사는 것이 꿈이었지만 정작 현실 속에서는 대학 순위와 성적에 따라 취업하는 현실과 타협하는 나의 모습을 깨달은 순간이었다. 이후 나는 모든 취업 준비를 그만두고 전공 공부에 몰입하였다. 매 학기 매주 실험 과목을 듣고 물리학과, 화학과의 필수 과목들도 수강했다. 친구들이 학점을 포기했냐며 '꺼벙이'라고 부르기도 했다. 지금까지 취업을 위한 영어 공부도 따로 하지 않았기에 TOEIC, TOFLE 등 영어 점수가 없는데 내가 영어 점수 없는 유일한 KAIST 교수가 아닐까 생각해 본다.

내가 대학을 졸업할 즈음 인간게놈 프로젝트가 완성 단계에 들어가는 등 생명공학 붐이 일었고 대학원 졸업 이후

엔 생명과학 관련 교수와 연구원 모집이 늘어났다. 생명과학 분야가 경쟁 대비 취직도 용이한 소위 블루오션이 된 것이다. 돌이켜 보면 시대에 맞는 것을 좇는 것이 아니라 내가 잘하고 좋아하는 것을 깊이 공부하다 보니 시대가 변하여 내게 유익하게 맞아떨어진 것 같다. 이런 지혜를 나는 근긴장이상증 친구를 통해 얻었다. 나는 교사로 그를 찾아갔지만 나는 그의 학생이 되어 지금까지 살고 있다.

하나님을 아는 것이 인생의 성공이다

2015년 즈음 KAIST 교수로서 나의 절망과 스트레스는 극에 달했다. 후배 교수들이 먼저 승진하였으며, 선배 교수로부터 학교를 떠나는 것이 좋겠다는 조언을 받았다. 교수가 좋은 직업이지만 좋지 않은 점이 있다. 자존심을 지키느라 힘들다는 이야기를 하지 못하고, 힘들다고 토로해도 주변에서 이해하지 못한다. 세상에 힘든 사람들이 얼마나 많은데 자신이 좋아서 하는 연구가 어렵다고 하면 오히려 욕먹기 십상이다.

더 이상 길이 없다고 생각한 그해 말 2016년에 교회 제자훈련 프로그램에 지원했다. 2006년부터 새로남교회에 출석했는데, 그곳은 제자훈련 프로그램이 잘되어 있기로 소문이

나 있다. 이 훈련 과정을 마치면 순장으로 파송되어 교회 성도들을 양육하는데, 나도 다섯 명의 순장님을 거쳐 신앙생활을 했다. 순장님 한 명 한 명을 보면서 그들이 인생 스트레스를 감내하는 방식이 남다르다는 것이 보였다. 나도 제자훈련에 지원해 순장님들과 같이 되고 싶다는 마음이 생겼다. 좋은 교수는 학생들에게 삶을 보여 주어 닮고 싶은 마음을 갖게 한다. 교수로서 실패했다고 느껴진 내게 순장님들이 훌륭한 교수의 모범이었던 셈이다. 제자훈련을 통해 인류 역사상 가장 훌륭한 교수이신 예수님에 대해 더 깊게 알고 싶었다.

2016년도 새로남교회 제자훈련반 지도교수님은 오정호 담임목사님이셨다. 오 목사님께서 훈련생들을 앞에서 하신 말씀에 눈물을 펑펑 쏟은 기억이 있다.

"성공하기 위해 하나님을 믿는 것이 아닙니다. 하나님을 알고 믿는 것 자체가 인생의 성공입니다. 이제 헛된 생각을 내려놓고 하나님 아는 일에 올인하는 여러분 되시길 바랍니다."

맞다. 대학에서 교수가 추구하고 가르쳐야 할 것은 인생의 성공 비법이 아니다. 자연과 사회를 연구하는 학자들이 추구하고 강의해야 할 바는 바로 그 속에 들어 있는 원리와 진리다. 그 원리와 진리가 되시는 하나님을 아는 것이 학자의 성공이다. 헤라클레이토스가 말했던 자연의 원리인 로고스(Logos)와 성경에서 말하는 진리이신 하나님 로고스(Logos)는 같은 단어,

같은 뜻이다. 학자와 교수로서 진리 추구의 사명을 망각하게 되면 우리는 본질을 간과하고 결과만 추구하게 된다.

교육의 어원은 'educare'로서 '이끌어 내다'의 의미를 갖는다고 한다. 보통 '학생의 잠재력을 끌어내다'라는 의미로 해석하지만 나는 그 해석이 완벽하지 않다고 생각한다. 끌어내는 대상은 교육 대상인 학생이며 학생을 '무엇인가로부터 끌어내다'는 뜻으로 해석해야 한다. 내가 경험한 바 교육이란 생존 본능대로 가동되는 의식 세계에 갇힌 학생을 진실의 세계로 이끌어 내는 것이다. 소크라테스가 "너 자신을 알라"(know yourself)고 했을 때 그것은 본능과 욕구에 매여 습관적으로 살고 있는 너 자신의 상태를 알라는 것이다. 그것을 알아 보다 가치 있는 인생으로 나아오라는 뜻이며 이 명언으로 그는 철학의 아버지가 된다. 소크라테스의 제자 플라톤은 스승의 뜻을 이어받아 학문의 목적이 보이는 사물 자체를 넘어 그 속에 있는 본질을 찾는 것임을 천명하여 학문의 아버지가 된다.

"너희는 무엇을 먹을까 무엇을 마실까 하여 구하지 말며 근심하지도 말라. 이 모든 것은 세상 백성들이 구하는 것이라. 너희 아버지께서는 이런 것이 너희에게 있어야 할 것을 아시느니라. 다만 너희는 그의 나라를 구하라. 그리하면 이런 것들을 너희에게 더하시리라"(눅 12:29-31).

예수님의 가르침을 요약하면 생존 본능의 의식 세계에만 갇혀 있지 말고 진실의 세계로 나오라는 것이다. 예수가 가장 비판했던 이스라엘의 최고 교수들이었던 바리새인들은 성경은 알았지만 자신들만의 생각에 사로잡혀 그 속에 있는 하나님의 뜻을 왜곡했다. 그들은 지혜자라고 칭송받았으나 정작 살아 있는 진리이신 예수를 알아보지 못했다. 또한 예수는 간음한 여인을 죽이려 한 사람들에게 "너희 중에 죄 없는 자가 먼저 돌로 치라"는 말씀을 던져 남의 눈의 티끌을 보면서 자신의 눈의 들보는 보지 못하는 사람들의 인지부조화를 깨닫게 하셨다. 예수가 보여 준 많은 기적들도 우리가 아는 세상이 전부가 아님을 보여 주기 위함이었으리라.

현재 학문과 진리의 전당이 되어야 할 대학의 본질이 무너져 간다. 학생에게 대학은 좋은 학점 받고 취업 준비하는 곳이며, 교수는 논문 실적과 수상 실적, 연구비 수주와 자신이 배출한 학생 수로 평가받고 보상받는 것을 주 목적으로 삼고 있다. 주객이 전도되고 있는 것이다. 진리는 절대적이고 유일해야 하는데 다원주의, 인본주의적인 세계관이 시대정신으로 자리 잡고 있다. 교육을 통해 한 인간을 진리의 세계로 이끄는 것은 그들에게 자유를 주는 것이다. "진리가 너희를 자유롭게 하리라"는 성경 말씀이 많은 대학의 모토로 사용되고 있는 것도 같은 맥락이다.

그리스도인 교수는 그 지식의 근본이신 하나님을 알고 전하는 사람들이다. 이것은 그리스도인만의 문제가 아니라 지식을 추구하는 모든 사람에게 해당된다. 하나님의 존재를 과학적 혹은 종교적으로 인식하지 않더라도 우리가 학문을 추구할 때 넘어야 하는 의식의 한계는 분명히 존재하기 때문이다. 뇌의 의식 세계는 생존 본능에 따라 세상을 해석하는 기제이므로 기본적으로 기복적이고 인본주의적이며 이기적일 수밖에 없다. 이것을 극복하여 의식 세계 너머 존재하는 진실에 접근하는 것이 학문이고 과학이며 인간이 자유롭게 되는 길이다.

교육자, 아름다운 세상을 복원하는 자

"하나님이 지으신 그 모든 것을 보시니 보시기에 심히 좋았더라"(창 1:31).

그리스 시대 교수였던 철학자들은 인생을 돌아보면서 세 가지 질문을 했다고 한다.

첫째, 내 인생은 가치 있는가? 일을 하고 돈을 벌고 가족들을 부양하는 것들이 모두 가치 있다. 가치 있는 일을 하려면 배워야 하고 교육을 받으려면 스승이 있어야 한다. 내가 가치 있는 일을 했다면 그 일을 할 수 있게 한 스승이 있다. 인생의 진정한 가치는 내가 만든 것이 아니라 누군가로부터 내게로 흘러들어 온 지식과 지혜와 능력으로 이룬 것이다. 훌륭한 교수는 자신이 가치를 직접 만들기보다 제자들을 통해 가치를 창출하기를 추구한다. 한 알의 밀알이 썩어 많은 열매를 맺는 것처럼, 그리스도인 교수의 사역이란 본인은 죽고 제자가 생명을 얻는 것이다.

둘째, 내 인생은 올바른가? 도덕적인 삶을 살았느냐는 질문이다. 키르케고르가 말한 것처럼, 인간은 불완전하고 심미적인 동시에 완전함을 추구하며 도덕적이기도 하다. 그러나 인간은 완전함에 도달할 수 없다는 절망에 빠지며 그것을 그는 '죽음에 이르는 병'이라고 말한다. 그는 인간을 절망 속에서 구원할 방법으로서 신과 신을 의지하는 종교적 인간을 제시한다. 도덕적 기준은 인간을 평가하기 위함이 아니라 인간의 한계를 깨닫게 하고 그 한계를 넘기 위한 목표를 설정해 준다. 좋은 교수는 좋은 연구 결과를 도출하기보다 그 성과가 정직하고 올바르게 성취되었는가에 더 주목한다. 실제로 다양한 실험 윤리 기준들은 그것들을 충족하거나 넘어설 새로운 기술 개발을 촉진한다.

셋째, 내 인생은 아름다웠는가? 학문을 하는 재미는 자연과 사람들 속에서 아름다움을 발견하는 데 있다. 수학의 오일러 공식, 물리학의 상대성 이론과 파동방정식, 자연계의 프랙탈 이론이나 황금비율 등은 아름답다는 칭송을 받는다. 그런데 무엇이 아름다움인지 정의하려고 하면 쉽지 않다. 아름다운지 평가하라고 하면 금방 하는데 말이다.

성경에 가장 많이 나오는 형용사가 '아름답다'이다. 창조자가 태초에 질서를 부여해 세상을 아름답게 창조하였다(창 1장). 에덴동산이 아름다운 나무들로 가득 차 있었고 그중 선악과도 있었다(창 2:9). 하나님의 아들들이 사람의 딸들의 아름다움을 보았다(창 6:2). 하나님이 인생을 위해 예비하신 가나안은 아름다운 땅이다(민 14:7; 신 3:25; 4:21; 8:7). 그밖에도 사람의 아름다움(창 39:6; 사 52:7; 아 1:5, 10; 4:5), 아름다운 사물(신 12:11), 행위의 아름다움(롬 10:15; 벧전 2:9, 20) 등에 대한 무수히 많은 표현이 나온다. 성경은 아름다움에 대한 책이 아닐까 생각이 들 정도이다. 성경 중에서 가장 비관적으로 보이는 전도서도 사실은 아름다움에 관한 책이다. 헛된 것과 아름다움을 대비하여 우리가 추구해야 할 아름다운 지혜는 무엇인가를 설명하고 있다(전 3:11; 5:18; 7:11).

기독교 세계관에서 아름다움은 서로 다른 두 가지 기준이 있다. 사람의 눈에 아름다운 것과 하나님 보시기에 아름다운 것이다. 태초의 모든 세상은 하나님 보시기에 아름답도록 창조되었고 아름다움의 기준도 하나였다. 그러나 타락한 인간은 좋고 나쁜 것을 구별하는 능력을 부여하는 선악과를 먹고 눈이 밝아져서 스스로 보기에 좋은 것을 아름답다고 하는 새로운 기준을 만들었다. 하나님의 기준을 떠나 아름다운 사람의 딸들과 결혼하고 아름다운 음식과 땅과 물건을 추구하였다. 그러나 하나님 기준에는 그 모든 것이 아름답지 못하고 악한 것이었다. 인간은 철학과 종교, 문화, 과학과 산업을 통해 아름다운 것을 만들려고 발버둥 치지만 창조자의 관점에서는 헛된 시도일 뿐이다. 예수 그리스도의 십자가로 말미암아 인간은 비로소 하나님의 관점으로 아름다움을 재조명할수 있게 되었다.

그리스도인 교수는 학문적으로 탁월함을 추구할 뿐 아니라 기독교 세계관을 바탕으로 지식의 근본이 창조자 하나님임을 고백한다. 세상과 지식을 공부하고 연구하지만, 그것은 그 한계를 알아 의식 세계보다 더 넓은 창조 세계의 본질을 전하기 위함이다. 그리스도인 교수는 창조자 하나님이 보시기에 좋았던 아름다운 세상을 복원해 나가는 방법을 자연과 성경에서 찾아가는 청지기들이다.

나는 성숙한 그리스도인 교수인가?

2024년 20주년 기념 행사장에서 첫 번째 제자는 나에 대해 다음과 같이 평가하였다.

"졸업 이후 멀리서 우리 교수님을 지켜보니, 말씀하신 대로 교수로서 명예나 성공을 추구하지 않으시고 학생들을 위해 그 약속을 행동으로 보여 주신 것 같아요. 늘 교수님 말씀 기억하며 지금도 행복한 과학자로 살고 있습니다."

제자 눈에 그렇게 보였다니 감사한 일이나 돌아보니 모두 내 힘으로 된 것이 없다. KAIST 교수가 된 것이 영광인 만큼 교수직을 잃을 뻔했던 상황은 큰 아픔이었다. 200번이 넘는 논문 거절과 수많은 연구비 수주 실패를 통해 강제로 겸손해져 성공을 추구하지 않는 모습으로 보일 수 있다. 그러나 인간적인 기준으로 볼 때 그것은 능력이 모자라 성공 못한 것이지 성공할 수 있는데 하지 않은 것은 아니다.

그러나 하나님은 성도의 실패 속에서도 여전히 일하고 계신다. 우리가 그 뜻을 모를 뿐이다. 돌아보니 교수 승진이 늦어 재계약과 정년 보장으로 고생한 기간에 가장 많은 논문을 출판할 수 있었다. 나의 뇌 질환 가설이 학계에서 인정받지 못한 것도 다행이었다. 만일 나의 가설이 인정받았다면 누군가 먼저 그 가설을 바탕으로 약물을 개발하였을 것이다. 나의 이론이 인기가 없었기에 적은 비용으로 장기간 경쟁 없이 약물을 개발할 수 있었고 교수 창업도 할 수 있었으며 빚이 많아 투자받기 어려운 상황 속에서도 최근 사업이 바이오 대기업에 인수되어 사업을 지속할 수 있게 되었다

집중력이 떨어지고 지식이 일천한 아이가 세상에 세워져 교수로 봉사하게 되기까지 많은 선생님들의 사랑이 있었다. 아직도 인격과 지식과 신앙의 모든 측면에서 공사 중이다. 다만 그 바탕에 모든 역사를 주관하시는 하나님의 열심이 작용하고 있다고 믿고 기도할 뿐이다. 남은 일생 하나님의 사랑의 반작용으로 제자와 이웃 들에게 좋은 교수로서 하나님 뜻에 따라 사용되길 기도한다.

14.

이제는 제가
위로자 되겠습니다

내게 능력 주시는 자 안에서 내가 모든 것을 할 수 있느
니라_빌립보서 4:13.

박정주 홍익대학교 초빙교수

경북대학교 수학과에서 해석학(프랙탈)을 세부전공으로 이학박사를 취득한 후,
경북대, 한남대, 백석대, 한경대를 거쳐 경희대, 한국기술교육대, 한밭대에서 후
학들을 가르쳤다. 현재는 홍익대학교 교양교육원 초빙교수로 재직 중이다. 새
로남교회에서 믿음의 다음 세대인 코람데오 고등부 말씀 교사로, 평신도사역
자 순장으로 섬기며 하나님의 사랑과 위로를 전하는 자, 복음 전도자의 사명을
감당하기를 소망한다.

믿음의 뿌리를 내리다

초등학교 6학년 때, 우리 가족은 경북 의성에서 대구로 이사하게 되었다. 중학교 교사이신 아버지께서 대구로 전근을 오셨기 때문이다. 이사 온 집 바로 옆에는 수성교회가 있었다. 시골에서 도시로 전학 왔지만, 다행히 많은 친구들을 사귀게 되었고, 수성교회에 다니는 믿음의 친구들의 전도로 동생들과 함께 처음으로 교회에 나가게 되었다.

중학교에 입학한 후 다른 동네로 이사하면서 대동교회로 옮겨 중등부에 출석했다. 그러나 고등학교 진학 후, 공부에만 집중하기를 바라시는 아버지의 완강한 뜻으로 인해 교회를 다닐 수 없게 되었다.

"너희는 강하고 담대하라. 두려워하지 말라. 그들 앞에서 떨지 말라. 이는 네 하나님 여호와 그가 너와 함께 가시며 결코 너를 떠나지 아니하시며 버리지 아니하실 것임이라 하고"(신 31:6).

나는 신명기 말씀을 붙들고 다시 교회에 나갈 수 있도록 기도했다. 다행히 여중, 여고 미션스쿨을 다니게 되어 예배와 성경 수업을 통해 믿음 생활을 이어 갈 수 있었다.

고등학교 시절, "나의 반석이시요 나의 구속자이신 여호와여 내 입의 말과 마음의 묵상이 주님 앞에 열납되기를 원하나이다"(시 19:14)라는 말씀을 붙들고 매주 예배를 드리고 성경공부를 하며 많은 믿음의 친구들과 교제했다. 고등학교 입학 선물로 받은 성경책을 가까이하고 찬양도 많이 부르며 믿음의 뿌리를 잘 내릴 수 있었다. 특히 여중 때 추수감사절 찬양대회에서 우리 반이 1등을 했던 일과 여고 때 암송했던 고린도전서 13장은 아직도 생생하게 기억에 남아 있다.

말씀과 기도로 믿음의 근육이 자라다

대학에서 물리학을 전공하신 아버지의 영향으로 중고등학교 때 수학과 화학을 참 좋아했다. 아버지께서는 학교에 근무하시는 35년 동안 거의 1등으로 출근하시며 근면 성실하게 제자들을 사랑하는 참스승이셨다. 올해 88세 되셨는데 지금까지도 매해 스승의 날에 연락하는 제자들이 있다. 그런 아버지의 영향으로 나도 유치원부터 대학원 졸업할 때까지 한 번도 결석하지 않고 성실하게 학교생활을 할 수 있었다. 여고 1, 2학년 때 연달아 우리 반 담임을 맡으신 선생님이 수학 선생님이셔서 2년 동안 더욱 수학 공부에 매진했다. 특히 고3 때 미분적분학을 가르쳐 주신, 대학 선배이셨던 수학 선생님의 영향으로 수학 과목을 더욱 좋아하게 되었고 교직에 대한 비전을 가지게 되었다. 고3 때는 수학이 너무 재미있어서 아침에 등교하면서 고3 수험생용 수학 문제집을 한 권 사서 밤에 야간자습이 끝날 때까지 다 풀고 집으로 귀가하는 날이 많아졌다. 학력고사를 치르고 학과를 선택할 때 부모님은 물리학을 하기를 바라셨지만 나는 한 치의 고민 없이 수학과를 선택했다.

대학에 입학한 후 어머니께서 건강이 갑자기 나빠지셨고 어머니의 건강이 걱정되셨던 아버지께서는 어머니와 내가 교회에 다니도록 허락해 주셨다. 교회 생활을 다시 시작하여 대학부 지체들과 만나 교제하게 되니 크게 기쁘고 감사했다.

교회 내에 같은 대학교에 다녔던 신실한 믿음의 친구, 수학과 내에서도 말씀을 사모하며 신앙생활을 열심히 하는 좋은 본이 되는 친구들과 친하게 지냈다. 그리고 대구 만촌교회 대학부 수련회 때 산상기도회에서 주님을 인격적으로 깊이 만났다. 어머니께서는 구역에서 권찰로 섬기시며 나는 유치부 교사로 봉사하게 되었다.

대학원 진학 후 수학의 매력에 더욱 빠져들게 되었다. 수학을 통해 하나님의 창조 질서를 발견할 수 있었고 주님의 임재를 수학에서 경험하게 되었다.

"이는 만물이 주에게서 나오고 주로 말미암고 주에게로 돌아감이라. 그에게 영광이 세세에 있을지어다. 아멘"(롬 11:36).

말씀을 통해 더욱 확신하게 되었다. 세미나를 준비하며 풀리지 않을 것 같은 문제들도 먼저 기도로 나아가며 하나님께 지혜를 간구하면 생각지도 못한 방법으로 해결되어 감사한 적이 한두 번이 아니었다. 말씀을 묵상하고 겸손히 기도하다 보면 어떤 난관 앞에도 쉽게 넘어지지 않는 튼튼한 믿음의 근육이 키워진다.

졸업자격시험 과목 중에서 위상수학은 참 어려워서 동기들도 다들 회피다가 마지막 학기에 보기도 했는데 주님은 내가 한 번 만에 모든 시험을 통과하게 하시는 은혜를 베푸셨다. 그러나 박사 과정 수료 후 졸업 논문을 준비하면서 어려움에 부딪쳤다. 나는 수학의 네 분야 중 해석학을 전공하게 되었는데 논문 결과들이 잘 나오지 않아 결국 수료만 한 채 박사학위를 받지 못하고 있었다. 하나님께서는 "너는 내게 부르짖으라. 내가 네게 응답하겠고 네가 알지 못하는 크고 은밀한 일을 네게 보이리라"(렘 33:3)는 말씀으로 위로와 용기를 주셨다. 남편의 박사후연수 프로그램을 마치고 귀국한 후, 남편의 응원과 권유로 다시 대구를 오가며 박사학위 논문을 마무리하여 2004년에 박사학위를 받게 되었다.

박사학위 논문으로 프랙탈 이론을 연구하며 하나님의 창

조 질서를 더욱 깊이 이해하게 되었다. 수학을 통해 하나님의 손길을 발견하고, 그분의 섭리를 이해하며, 학생들에게도 하나님의 사랑을 전하고자 한다.

갑작스러운 이별과 하나님의 위로

독실한 불교신자이셨던 할아버지, 할머니께서 어느 날 예고 없이 우리 집에 오셨다. 마침 그때 엄마는 구역 심방 중이셔서 엄마랑 내가 몰래 교회에 다닌다는 사실이 드러났다. 이후 엄마와 나는 더 이상 교회에 다닐 수 없게 되었고 많은 핍박을 받았다. 그래서 어머니는 맏딸인 내가 신실한 믿음의 가문 사람과 결혼하기를 원하셨고 어머니의 간절한 기도와 바람대로 나는 신실한 가정에서 자란 남편을 만나게 되었다.

남편은 대학교 시절부터 의료선교를 서원하고 레지던트 월급의 많은 부분을 선교헌금으로 작정하며 선교에 대한 큰 비전을 가진 신실한 믿음의 사람이었다. 그런 남편이 갑작스럽게 내 곁을 떠났다. 남편이 소천하자 나는 모든 소망을 잃고 하나님을 원망하며 힘겨운 시간을 보냈다. 하나님은 "그러나 내가 가는 길을 그가 아시나니 그가 나를 단련하신 후에는 내가 순금같이 되어 나오리라"(욥 23:10)라는 말씀을 통해 상처 입은 나를 위로해 주셨고 상한 심령을 회복시켜 주셨다.

회복의 은혜를 경험할 즈음 하나님께서는 현재의 남편을 만나 새 가정을 이루는 축복을 허락하셨다. 2002년 남편의 박사후연수 프로그램으로 미국 플로리다 주립대학으로 가게 되었고 미국에서 축복의 통로인 막내 혜나도 선물로 주셨다. 혜나는 기도하는 사무엘의 어머니 한나의 미국 이름으로, 주님을 찬양하는 것을 기뻐하는 자녀로 자라 지금은 교회음악과에서 성악을 전공하고 있다.

수학을 통해 발견한 하나님의 창조 질서

수학이야말로 하나님의 솜씨를 증거하기 위해 하나님께서 인류에게 베풀어 주신 계시와 은혜의 표적이다. 창조의 선포인 창세기 1장의 말씀 안에는 수학을 직접 만드신 분이 아니라면 결코 도저히 계시할 수 없는, 엄숙하고 정교한 질서가 담겨 있다고 볼 수 있다.

생물 가운데 오직 사람만이 수학을 사용한다. 수학적 추리는 오직 하나님의 형상을 닮은 인간만이 가능한 일이다. 세상 지식을 정직하고 진실하게 탐구하다 보면 모두 하나님을 아는 지식 안에서 만나게 되어 있다. 그것은 하나님께서 만물의 창조주이시며 모든 지식의 근원이시기 때문이다.

나는 정말 수학을 사랑하고, 수학이야말로 하나님께서 이 세상 가운데 하나님을 알고 발견할 수 있도록 주신 학문임을 확신하고 있다. 그래서 기독 교수로서 내가 발견한 수학의 본질과 수학을 대하는 태도를 어떻게 학생들에게 가르쳐야 하는지 늘 고민하면서 교단에 서게 된다. 우리가 수학을 공부해야 하는 이유는 바로 수학을 통해 하나님의 창조 질서를 발견할 수 있기 때문이다. 무한한 존재는 하나님이시고, 사람은 유한한 존재이다. 우리가 사는 세상은 우리의 힘과 능력으로는 불가능한 것이 많지만, 무한한 하나님을 믿음으로 많은 것이 가능해진다. 하나님의 말씀 그 자체가 정확 무오한데 수학이라는 학문 자체도 정확하고 증명 없이는 받아들여지지 않는다는 유사성이 있다.

일상생활에 숨겨진 수학의 원리를 가르치며 수학사와 위대한 수학자들의 이야기를 학생들에게 들려주면 수학을 싫어하고 수학에 흥미가 없던 학생들도 재미를 느끼며 수학에 대해 많은 것을 알게 되었다고 고백한다. 그럴 때 나는 보람을 느낀다.

나의 나 된 것은 다 하나님의 은혜

미국에서 다닌 게인스빌 한인교회 목사님으로부터 새로남교회를 소개받아 귀국 후 바로 교회에 등록하게 되었다. 탄방동 새로남교회에 등록하는 날 오정호 목사님께서는 우리 가정의 상황들을 보시고 부목사님께 우리 가정을 따뜻하게 보살펴 주라고 하셨다고 한다. 심방 때 교구 목사님께 그 말씀을 전해 듣고 세심하게 살피시며 따뜻한 사랑으로 위로해 주시는 담임목사님께 참 감사했다.

남편의 가정은 제사를 중시하는 유교적 가정이었다. 하나님께서 나를 이 가정에 보내셔서 이 가정의 복음화를 위해 한 알의 밀알이 되라는 선교적 사명을 주셨음을 확신했다. "보라, 하나님은 나의 구원이시라. 내가 신뢰하고 두려움이 없으리니 주 여호와는 나의 힘이시며 나의 노래시며 나의 구원이심이라. 그러므로 너희가 기쁨으로 구원의 우물들에서 물을 길으리로다"(사 12:2-3)라는 말씀을 붙들고 가족 복음화를 위해 기도했다.

결국 제사를 지내며 유교 사상에 젖어 있던 시어머니께서도 나의 기도와 전도로 교회에 등록한 후 세례까지 받으셨다. 새로남교회 어르신들 소그룹인 여호수아부에서 믿음 생활을 하시며 드디어 수십 년 동안 지내던 제사를 내려놓고 추모예배를 드릴 수 있게 되었다. 첫 추모예배 때 부목사님과 진도사님이 함께 오셔서 예배를 인도해 주셨고 가족들이 모두 모여 감격하며 예배를 드렸다.

뇌출혈로 인해 거동이 불편해진 시어머니를 섬기고 하나

님의 선물인 늦둥이 혜나를 키우느라 제자·사역훈련을 비교적 늦게 받게 되었으나 하나님께서는 순장 사역과 고등부 교사, 여전도회를 섬길 수 있는 은혜를 주셔서 기쁨으로 감당하고 있다. 2019년 권사 임직을 받고 나의 나 된 것은 하나님의 은혜임을 전적으로 고백하게 되었다. "우리가 알거니와 하나님을 사랑하는 자, 곧 그의 뜻대로 부르심을 입은 자들에게는 모든 것이 합력하여 선을 이루느니라"(롬 8:28)는 말씀에 따라 맡겨 주신 직분에 순종하며 주님의 손과 발이 되어 더 겸손하게 섬기는 자가 되기를 소망한다.

이제는 제가 위로자가 되겠습니다

"오직 성령이 너희에게 임하시면 너희가 권능을 받고 예루살렘과 온 유대와 사마리아와 땅끝까지 이르러 내 증인이 되리라 하시니라"(행 1:8).

이 말씀에 따라 나는 내가 만난 하나님을 자연스럽게 전하며 복음의 전달자로 쓰임 받기를 소망하여 전도폭발훈련에 임했다. 훈련을 통해 받은 은혜로 기회가 될 때마다 복음을 전하려고 했다. 그러다 보니 주의 은혜로 다섯 가정을 우리 교회로 인도하게 됐다. 2013년부터 코람데오 고등부에서 교사로 섬기며 많은 고등부 학생들이 주님의 복음 앞에서 변화되는 현장을 목도하며 큰 은혜와 보람을 느낀다. 다음 세대를 위한 사역이 얼마나 중요한지를 깨달아 다락방 순원과 같은 여전도회 집사님들을 권면하여 5명의 선생님들을 고등부 교사로 세웠는데 마음을 다해 학생들을 섬기는 모습에 감사할 뿐이다.

대학에서는 매 학기마다 새로운 학생들을 많이 만난다. 자연스럽게 복음의 접촉점을 가지고 학생들을 새생명축제에 초청한 적이 있다. 학생들과 함께 초대받았던 친한 동생의 남편은 새생명축제를 통해 많은 은혜를 받고 가족들도 모두 우리 교회에 등록하더니 제자·사역훈련까지 받고 다락방 모임에도 잘 정착하여 가끔 만날 때마다 우리 교회로 인도한 나에게 늘 감사를 표한다. 그 가정은 결혼 후 오랫동안 자녀가 없어 참 힘든 시기를 보내고 있었는데 교회에 나온 이후로 인공 수정에 성공하여 첫째 딸을 얻고 둘째 아들은 자연 임신으로 얻는 기적과 같은 주님의 은혜를 경험했다.

올해 1학기에는 '문명과 수학'이라는 교양 수업에 열심히 참석하는 만학도 여성분이 있었다. 수학과를 졸업한 지 25년이 지났는데 다시 교사의 꿈을 이루기 위해 수학교육과로 편입해서 3학년에 재학 중이었다. 후배들과 함께 다니다 보니 세대 차이도 많이 나고 학업에 대한 여러 가지 어려움도 있다며 눈물을 글썽이며 토로했다. 내가 힘들 때마다 위로자가 되어 주신 주님께서 이번엔 나를 그분의 위로자로 사용해 주셨다. 그날부터 한 학기 동안 매주 함께 식사 교제를 하며 위로와 권면, "내가 네게 명령한 것이 아니냐. 강하고 담대하라. 두려워하지 말며 놀라지 말라. 네가 어디로 가든지 네 하나님 여호와가 너와 함께하느니라 하시니라"(수 1:9)는 말씀으로 내가 만난 하나님을 전하는 귀한 기회로 삼았다. 한 학기를 마칠 무렵 꼭 기회가 되면 가까운 교회에 나가 보도록 권면했다. 종강 후 그분은 친정어머니를 모시고 우리 교회에 계셨던 부목사님께서 담임목사님으로 가신 교회에서 예배드린 후 '인증샷'을 보내 주면서 목사님께 인사도 드렸다고 전했다. 얼마나 기쁘고 감사하던지, 그분도 참위로자 되시는 주님을 깊이 만나시길 기도했다.

이 글을 통해, 나의 삶 속에서 하나님께서 어떻게 일하셨는지를 나누고자 했다. 나의 삶은 하나님께서 베푸신 은혜로 가득 차 있으며, 그 은혜는 단지 나를 위한 것이 아니라, 다른 이들에게도 흘러가야 한다고 믿는다. 어려움과 고난 속에서도 하나님께서는 나를 위로하시고, 회복시키시며, 새로운 길을 열어 주셨다. 이제 나는 그 은혜를 다른 사람들과 나누고, 그들에게도 하나님의 사랑과 위로를 전하는 자가 되고자 한다. 나의 간증이 다른 이들에게도 용기와 희망이 되기를 소망하며, 모든 영광을 하나님께 돌린다.

15.

배우는 즐거움, 가르치는 은혜

오직 너 하나님의 사람아 이것들을 피하고 의와 경건과 믿음과 사랑과 인내와 온유를 따르며 믿음의 선한 싸움을 싸우라. 영생을 취하라. 이를 위하여 네가 부르심을 받았고 많은 증인 앞에서 선한 증언을 하였도다_ 디모데전서 6:11-12.

김귀훈 한국교원대학교 교수

KAIST에서 학사, 석사, 박사학위를 취득했다. LG데이콤, 한국전자통신연구원(ETRI)에서 지식융합슈퍼브레인 등을 개발하였고 현재는 한국교원대학교 컴퓨터교육과/AI융합교육전공에서 대학생과 교사들에게 인공지능을 가르치고 있다. 영재교육원에서 영재교육부장으로 다양한 정보AI 영재 꿈나무를 키우고 있으며, SW/AI 새싹캠프 등을 통해 초중고 아이들에게 재밌는 AI, 따뜻한 AI를 전파하는 전도사 역할을 하고 있다. 주요 저서로는 2022 개정 교육과정 교과서 《정보》, 《인공지능 기초》, 《데이터과학》, 《SW와생활》과 단행본 《꼬리에 꼬리를 무는 인공지능 이야기 with 파이썬》(공저, 이오북스), 번역서 《python을 사용한 심층 강화 학습》(홍릉) 등이 있다.

아빠를 가르치던 초등학생

나의 이름은 김귀훈이다. 한자로 하면 귀할 '귀'(貴) 가르칠 '훈'(訓)이다. 부모님이 직접 한자 사전을 보시면서 이름을 지어 주셨다고 하셨다. 부모님이 어린 시절, 학교를 다니기에도 어려운 형편이어서, 아버지는 초등학교 졸업, 어머니는 중학교 졸업이 최종 학력이다. 배움에 아쉬움이 있었던 부모님은 아들이 나중에 선생님이 되었으면 하는 마음으로 '귀한 가르침'이라는 의미를 담아, '귀훈'이라는 이름을 지으셨다고 한다.

국민학교 때 산수(지금의 수학)를 배운 후 아빠한테 뺄셈을 가르쳐 드렸던 일이 생생하다. 역시 우리 귀훈이는 잘 가르친다고 엄청 칭찬해 주셨던 기억이 난다. 그때 아빠는 나에게 국민학교 선생님이 되었으면 좋겠다고 하셨고, 나는 기분이 매우 좋았다.

이후로 아빠는 내가 중학생이 되면 중학교 선생님이, 고등학생이 되면 고등학교 선생님이, 대학생이 되니 대학교수가 되었으면 좋겠다고 말씀하셨다. 그리고 하루도 빠지지 않고 새벽기도를 다니시며 자식들의 건강과 소망을 두고 기도하셨다고 한다. 부모님의 기도는 자식에게 큰 영향을 미치는 것 같다. 항상 불리던 내 이름과 아빠의 기도가 내 진로에 큰 영향을 미친 것은 두말할 것도 없다.

선생님이 될까, 연구원이 될까

고등학교 때 나의 꿈은 교사였다. 아빠의 소망도 있었지만 나는 내 재능을 가르치는 것에서 찾았었다. 초등학교 때부터 수학과 과학을 매우 좋아했다. 특히 선생님이 가르쳤던 내용을 내 나름의 세계관으로 이해했던 것 같다. 학창 시절에 학생들이 수업 내용을 잘 이해하지 못해도 선생님에게 물어보기는 부담스러워하는 경우가 많이 있는데, 그럴 때마다 친구들한테 말했다. "나한테 언제든지 물어보렴. 나는 설명하는 것을 좋아해." 그래서 친구들이 내게 편하게 물어보곤 했다. 주로 수학, 물리, 화학, 생물 등의 과목 들을 어려워하는 친구들이 많았다. 특히, 평상시에 공부를 하지 않더라도, 시험 기간이 다가오면 질문이 많아졌다. 내가 공부할 시간이 부족해지더라도 나는 기꺼이 쉬는 시간이나 자율 학습 시간에 집중적으로 답변해 주었다. 어려운 문제를 해결하고 기뻐하는 친구들의 표정을 보면서 가르침의 짜릿함을 알게 되었다. '아! 나는 가르치는 것에 은사가 있구나.' 특히 화학 과목을 좋아했기 때문에, 당시 내 꿈은 고등학교 화학 교사가 되는 것이었다.

이때 나에게 운명의 사건이 일어났다. 고3 초반기에 KAIST 입학전형을 알게 된 것이다. 당시 KAIST는 특수 대학이어서 여름에 일찍 입시를 치렀고, 일반 대학은 겨울에 학력고사(지금의 대학수학능력평가)를 통해 학생들을 선발했다. KAIST가 이공계에서 좋은 대학교임을 알았기에 시험을 보기로 결심했고, 고등학교 3학년 1학기에 입시 준비를 시작했다. 입학 기출 문제를 봤는데 난이도가 매우 높았고, 일반 학력고사와는 공부 방법이 많이 달랐다. 그래서 다른 방식의 입시 준비를 시작했고 그만큼 준비가 늦어졌기 때문에 큰 기대를 하지 않았다. 입시 기간 내내 기도로 준비했고, 모든 결과는 하나님께 맡긴다고 생각했는데, 최종 합격을 하게 되었다. "우와! 내가 합격을 했구나" 하는 기쁨과 함께 KAIST에서 공부해 좀 더 전문적인 교사가 되어야겠다고 생각했다. 하지만 나중에 입학하고 자세히 알아보니 KAIST는 교사보다는 전문 연구원을 양성하는 곳이었다. '그래, 여기에도 하나님의 뜻이 있겠지'라고 생각했다. 교사가 되기 위해서는 사범대학이나 교직 과정이 있는 대학교에 가야 했다. 일단 진로를 바꾸는 것은 당장 불가능한 상황이었기에, 대학에서 여러 가지 수학과 공학, 디자인 지식을 쌓아 가기 시작했다. 그렇게 공부도 하고, 친구들과 함께 어울리다 보니 자연스럽게 연구원의 길로 들어서게 되었다.

수학보다 소중한
하나님의 말씀을 전하는 선생님

교사의 길에 미련이 남아 있던 나에게 좋은 기회가
생겼다. 바로 주일학교 교사였다. 연구원으로 직장생활을 하
던 나는 중등부 교사인 다락방 순장님의 안내로 중등부 교사
로 섬기게 되었다. 그때 처음 만난 중학교 1학년 학생들이 이
제 벌써 34세가 되었을 것이다. 이후에 휴식기도 있었지만 지
금까지 약 20년간 주일학교 교사로 봉사하며 수학, 과학 과목
보다 소중한 하나님의 말씀을 전하게 되었다. 다양한 아이들
을 만나며, 중학교 때 하나님을 만나면 그 믿음이 평생 간다
는 확신과 소명의식이 생겼다.

처음 만난 중등부 아이들에게 '하나님을 잘 믿는 사람은
학교에서도 부끄럽지 않게 열심히 생활해야 한다'고 전하고
싶었다. 제일 기억에 남는 학생은 역시 교회에 좀처럼 적응
하지 못하는 학생이다. 형편이 좋지 않거나, 소극적인 아이인
경우에는 무리에서 소외되는 경우가 많은데, 내가 할 수 있는
부분은 그 아이를 위해 기도해 주거나, 가끔씩 전화해 주고
관심을 갖는 것이다. 그런데 그것만으로도 아이가 교회를 계
속 다니며, 예배를 잘 드리게 되었다. 역시 사람은 쓰임 받을
뿐 모든 것은 하나님의 계획대로 이루어짐을 깨달았다. 나중
에 그 아이가 성장한 후 소식을 듣지는 못했지만 계속 잘하

고 있으리라 의심치 않는다.

20여 년이 지난 지금은 중등부 아이들의 상황이 많이 변했다. 예전에 비해 학원과 가족 행사로 태연하게 주일예배를 드리지 않는 경우가 많다. 그리고 이해관계에도 매우 밝은 편이다. 현재의 아이들은 풍요로움 속에서 쉽게 교회 예배에 소홀해진다. 그래서 반복적으로 아이들에게 간식을 사 주면서 이렇게 말한다. "선생님이 사비를 써서 이렇게 너희들에게 잘해 주는 것은 너희에게 매주 주일예배 참석이 소중함을 알려 주기 위함이야. 이렇게 매주 너희가 교회에 나오는 것을 반복하면, 하나님께서 너의 마음을 열어 주시고 축복을 내려 주실 거야." 단순하고 명확하게 이야기해야 한다. 말이 길어지면, 그다음 주에 안 나올 수도 있기 때문이다. 여전히 아이들은 귀엽다. 여러 가지 방법으로 아이들에게 사랑하는 마음을 표현하면, 뜻하지 않는 변화가 일어날 때도 있다. 또한 아이들도 자신의 마음을 선생님들에게 표현해 준다. 이런 아이들을 만나는 것은 행복의 시작이 아닐 수 없다.

모든 것이 하나님의 뜻이었군요!

KAIST 졸업 후에 LG데이콤과 한국전자통신연구원(ETRI)에서 연구원 생활을 꽤 오래했다. 연구원의 삶도 보람이 있었다. KAIST 대학원을 다니면서 소프트웨어(SW)개발의 은사를 발견했기 때문이다. SW개발은 창의력의 끝판왕이다. 뭐든지 내가 상상하는 대로 만들어 그것을 현실에 구현하는 것은 큰 기쁨이었다. LG데이콤에서는 회사의 통신 상품을 개발하며 직접 서비스를 운영하고 수익을 얻는 기쁨이 있었다. 특히 현재는 인터넷으로 전화 통화하는 것이 신기하지 않지만 그 당시 LG데이콤에서 내가 주도적으로 인터넷 전화를 상용화하며 우리나라 올아이피(All-IP) 시대를 선도했던 일도 굉장히 보람이 있었다. ETRI에서는 국책 연구원으로 우리나라 대표 기술 정책인 기가코리아, 비욘드스마트TV, SRA 등 국가 연구개발 정책을 선도하고 개발함으로써 우리나라 경쟁력 강화에 이바지하는 성과가 있었다. 마지막으로 진행했던 슈퍼브레인 인공지능플랫폼은 인공지능 기술이 일반인에게 낯설던 시절에 선도적으로 개발하여 중소기업에게 보급했다는 의미가 있었다.

나는 40대 중반, 연구원 시절에 인생의 마무리를 설계하며 두 갈래의 길을 고민했다. 하나님이 나에게 주신 가르침의 은사와 SW개발 은사를 마지막으로 잘 활용하고 싶었다. 그래서 대학교수 혹은 벤처 사업가의 길을 생각하고 있었다. 때마침 한국에서 인공지능(AI)의 중요성이 부각되고 있었고, 나는 ETRI에서 AI를 핵심으로 다루는 부서에 속해 있었다. 교수 채용 공고를 보고 있었는데, 생각지도 않았던 한국교원대학교에서 AI 전공 교수를 구하고 있었다.

한국교원대학교는 교사를 양성하는 대표적인 종합사범대학교였다. '선생님의 선생님'을 캐치프레이즈로 사용하는 유명한 학교로, 옛날부터 잘 아는 곳이었다. 한국교원대학교는 사범대이기 때문에, 공대 출신으로 주 경력이 연구원인 나로서는 전혀 생각해 보지 못한 길이었다. 하지만 한국교원대학교에서 교과교육이 아니라 AI 전공자를 모집하고 있었기에 지원이 가능한 상황이었다. 무엇보다 한국교원대학교가 교사를 양성하는 학교라는 점이 더욱 내 마음을 끌었다. 그래서 기도하고 아내와 상의한 후 지원해 보기로 맘을 먹었다.

한때는 교사의 꿈을 이루고 싶어 한국교원대학교 대학원 진학을 생각해 본 적도 있었기에 학교 사정은 잘 알고 있었다. 대학교수 지원을 했고, 1차, 2차 시험을 보았다. 결과는 어떻게 되었을까? 합격이었다. 내가 AI 부서에 있지 않았다면, 내가 AI로 학위를 하지 않았다면, 이 시기에 AI 교육 분야의 교수 채용이 없었으면, 이 모든 일이 이루어지지 않았을 텐데…. 하나님의 섭리가 아닐 수 없다.

합격 후 나중에 알게 된 사실이 있었다. 학교에 지인도 없고, 정확히 어떤 일을 하게 될지도 모른 채 지원한 상황이었다. 그런데 여기서 내가 하게 되는 일들은 우리나라에서 오직 나만 할 수 있는 일임을 알게 되었다. 아무도 대체할 수 없는 나만이 가능한 일, 이곳에 하나님이 나를 두셨다.

어! 제가 알던 교수님들과 달라요

대학교수로 임용되어 수업을 시작한 후 자주 듣는 말이 있다. "제가 생각하던 교수님이 아니세요." "좀 특별하세요." 왜 그렇게 생각하냐고 물어보면, "편안하게 저희들을 대해 주세요." "모든 학생에게 다 친절하게 대해 주세요"라는 대답이 돌아온다. 특별히 그런 노력을 하지 않는데, 그동안의 삶의 철학을 기반으로 학생들을 대해서인지 그 친구들에게는 보통 교수님들과 달라 보였던 것 같다. 특히 이런 말을 들을 때는 설레기도 했다. "나도 선생님인데 교수님을 보고 반성하게 되어요. 교수님처럼 모든 아이에게 좀더 따뜻하게 대하는 사람이 되어야겠어요."

오랫동안 교회에서 순장과 주일학교 교사 활동으로 몸에 밴, 한 사람 한 사람을 위해 기도해 주고 잘 성장하도록 지지해 주는 태도가 자연스럽게 학교 교단에서도 드러난 것 같다. 그런데 정말로 나는 나의 수업을 듣는 한 분 한 분 선생님이 매우 소중하고 그들의 영향력을 생각하면 더욱더 존중하고 도움을 드리고 싶다.

대기업에서 배웠던 상용화 SW기획 및 개발 능력은 지금 학교에서 예비 교사와 선생님 들을 대상으로 아이들에게 정말 필요한 역량이 무엇인지 전할 근거가 되었다. ETRI에서 쌓은 과제 기획, 설계, 개발 및 국제 표준화 능력으로 우리 선생님들에게 새로운 시각들을 제시해 줄 수 있었다. 아이들에게 단순 SW개발보다 설계 능력이 얼마나 중요한지, 과제 기획 및 관리 능력이 얼마나 필요한지도 정확하게 짚어 줄 수 있다. 특히 국제표준화 경험은 일반인이 하기 힘든 경험인데, 세계 무대에서 한국인이 접할 수 있는 새로운 경험들을 소개할 수 있었다. 국외 출장 때, 대학원 선생님들과 동행하여 그분들에게 세계 무대에서 발표할 기회도 제공했다. 이러한 경험을 통해 선생님들이 좀 더 아이들에게 생생한 메시지를 전달하리라 믿는다.

착한 AI, 따뜻한 AI

예상치 못하게 40대 후반에 교수라는 새로운 직업을 얻게 되었다. 하나님은 나에게 주신 달란트, 가르침과 SW개발 능력을 통해, 이곳저곳 다양한 위치에서 나를 훈련시키셨다. 각각의 위치에서 열심히 이룬 결과들을 활용해, 현재 가장 보람 있는 일들을 맡아 특별한 방식으로 교육하는 사람이 되게 하셨다.

늦은 나이에 교수를 시작했지만, 기업, 연구소, 교회 등에서 배우고 활동한 다양한 경험들이 쌓여 지금은 나만의 독특한 교수법이 생긴 것 같다. 이전 직장에서 얻은 기획 및 관리능력도 여기에서 AI융합교육전공이라는 큰 학과를 잘 운영하는 데 유용하게 사용된다. 하나님께서 나에게 여러 가지를 경험하게 하심으로 내가 이곳에서 대체 불가능한 존재로서 선한 영향력을 끼칠 수 있도록 계획하고 섭리하신 것 같다.

'착한 AI, 따뜻한 AI로 소중한 교육가치 실현.' 직접 만든 학과 운영의 캐치프레이즈이다. 갈수록 AI가 사람들에게 유익하게 사용되기보다는 험악하게 쓰일 가능성들이 보인다. 이를 대비할 수 있도록 선생님들이 AI를 잘 알고, 아이들에게 바로 교육하는 것이 중요하다. 이를 위해 AI융합교육과정을 만들었고 이곳에서 잘 배우신 선생님들이 여러 곳에서 활약하고 계신다. '혼자보다 함께, 함성-함께 성장하는 우리, 우리는 한 팀이다'는 연구실 슬로건이다. 연구실 대학원생들이 같이 성장하는 기쁨을 맛보고 서로 의지하도록 연구실 환경을 조성했다. 지도 학생들은 벌써 교수로 활동하거나, 좋은 실적을 많이 내는 상황이다.

교회와 여러 공동체 활동, 다양한 직업 경험을 통해 배우고 느낀 것들이 이렇게 실현되고 있다. 무엇보다 나를 향한 큰 계획으로 여기까지 이끄신 하나님의 섭리는 생각하면 생각할수록 더욱 감동적이다. 하나님께서 지금까지 나를 인도하며 부어 주신 은혜를 생각하면 나에게 주어진 환경과 지금 맡은 모든 일을 기쁨으로 감당할 수밖에 없다.

16.

내가 주께
은혜를 입었사오니

이르되 내 주여 내가 주께 은혜를 입었사오면 원하건대
종을 떠나 지나가지 마시옵고_창세기 18:3.

조인희 원광대학교 교수

이화여자대학교에서 식품향미화학 및 대사체학을 세부전공으로 공학박사를
취득한 후, 미국 펜실베이니아 주립대학교 박사후연구원, 이화여자대학교 연
구교수를 거쳐 현재 원광대학교 식품생명공학과 교수로 재직 중이다. 다음 세
대를 품으며, 가정에서 킹덤패밀리의 주역으로, 새로남교회 초등부 말씀교사
로, '어? 성경이 읽어지네' 전문 강사로, 창조과학회 대전지부 강사로, 컴패션 후
원자로, 허락하신 모든 곳이 선교지임을 고백하며, 하나님의 말씀을 들고 전하
는 평신도 사역자의 길을 걷고 있다.

믿더라도 어려움은 온다

"나의 안에 거하라 나는 네 하나님이니 모든 환난 가운데 너를 지키는 자라 두려워하지 말라 내가 널 도와주리니 놀라지 말라 네 손잡아 주리라 내가 너를 지명하여 불렀나니 너는 내 것이라 내 것이라 너의 하나님이라 내가 너를 보배롭고 존귀하게 여기노라 너를 사랑하는 네 여호와라."

믿음 없는 부모 아래, 그래도 친구들의 영향으로 그나마 '선데이 크리스천'이었던 나는, 커다란 시련 앞에 직면하고 내가 아는 하나님을 만날 수 없어 (과연 그때, 내가 그분을 향해 아는 만큼이란 것이 있기는 하였을까?) 교회를 떠났었다. 하나님은 그런 나를 그럼에도 버려두실 수 없으셔서, 기도하는 자들을 친구로, 선배로, 후배로 오래도록 붙여 주셨다. 십여 년 만에 만난 반가운 친구와 그렇게 십여 년을 부정하던 예배의 자리에 나아간 어느 날, 나는 그 예배에서 흘러나온 찬양, "나의 안에 거하라" 때문에 예배가 끝나고서도 그 자리를 떠나지 못하고 하염없이 울었더랬다. 그리고 그날을 시작으로 하나님을 만나고 싶어 예배와 기도의 자리를 찾았고, 하나님을 알고 싶어 성경을 열었다. 그러던 중, 미국의 한 대학으로부터 박사후연구원 제안을 받아 미국 펜실베이니아 주 작은 도시에 가게 되었다. 감사하게도 그곳에서 좋은 교회를 만나 영적으로 잘 정착하였고, 새벽예배를 통한 기도의 자리가 은혜임을 알게 되었으며, 조직신학 성경공부까지 하며 구원의 확신을 얻게 되었다.

그리고 박사 과정 중 1년 교환학생으로 그곳을 방문한 지금의 남편을 만나게 되었고, 한국으로 돌아와 연구교수로 재직하며 남편과 결혼하였다. 그러나 얼마 되지 않아 남편이 미국에서 박사학위 공부를 다시 시작하는 기회를 얻게 되면서, 한국에서 그간 쌓은 내 커리어를 내려놓은 채 미국에 함께 나가는 결정을 해야 하는 상황에 직면하게 되었다. 누군가는 이 상황이 결코 어렵지 않을 수 있다. 그러나 박사학위까지 달려온 여성 과학자에게 경력 단절은 여전히 큰 장애물이었다. 그럼에도, 나는 물리적으로 남편과 함께인 가정을 선택하여 미국행을 결심했다. 그 때 나는 하나님께서 가정을 선택한 나에게 일터를 선물로 주실 것에 의심이 없었다. 그러나 비자 문제가 해결되지 않아, 결국 그곳에서 가정주부로서 전념해야 하는 삶이 시작되었고, 이런 삶은 내 커리어에 대한 고민과 함께 고스란히 가계의 어려움으로 이어졌다. 더불어 출산 후 육아를 전담하면서, 지금껏 경험하지 못한 자괴감에 빠질 만큼 힘들었다. 감정적으로 이미 나락을 경험하던 나는, 물리적 한계로 띄엄띄엄 만나게 되는 하나님 말씀들이 허공에 맴

도는 것을 경험해야 했고, 설상가상으로 이미 박사학위를 가진 내가 학위를 위해 공부하는 남편을 통해 경험하게 되는 크고 작은 실패와 고난은 그야말로 버거웠다. 하나님과 교제할 자리를 찾기에는 버거운 일들이 쳇바퀴처럼 반복되었고, 아이를 돌보느라 그 흔한 생리적 욕구마저 해결하기 힘든 시간은 끝이 대체 어딘지 알 수 없을 만큼 더욱더 나를 나락에 떨어뜨리고 있었다.

킹덤 패밀리의 주역

그때 애슐리 박 선교사님의 저서 《킹덤 패밀리》와 《왕의 신부》(이상 두란노)를 만났다. 저자는 공부를 최고의 가치로 삼으며 살았고, 국비 장학생으로 미국 유학을 가서도 오직 공부로 성공하겠다는 목표뿐이었는데, 하나님의 뜻이라 믿고 한 남자를 만나 결혼하면서 그동안의 가치관과 정체성을 내려놓은 채 지내게 되었다. 그녀는 자신의 존재 가치를 높여 주고 자기를 보호해 주리라고 믿었던 것들이 결혼을 통해 그 허상을 드러내며 허물어지는 장면과 직면하고 있었다. 그녀가 저서들을 통해 고백하는 삶은, 다름 아닌 내 삶이었다. 분명 그랬다! 그러나 하나님께서는 그녀의 우상이 '공부'였음을 드러내시고, 그 자리를 새로운 꿈으로 채워 주시며 그녀에게 놀라운 소망을 심으셨다. 수많은 가치가 흔들리는 것을 경험했지만, 하나님께서 주신 왕의 권세가 남편에게서 드러나고 또 다른 하나님의 일꾼이 길러지는, 그야말로 킹덤 패밀리! 그 가운데 한 알의 밀알처럼 드려지는 킹덤 패밀리의 주역이 바로 '아내'이며 '엄마'라는 놀라운 가치를 알게 하신 것이다. 그때까지 나는 단 한 번도, '한 남자의 아내', 그리고 '한 아이의 엄마'라는 타이틀이 '하늘의 타이틀'일 수 있음을 생각하지 못했었다. 나는 그렇게 그분에게서 처음으로 한 대 맞았다.

그리고서는 나에게도 변화가 생겼다. 엄마가 되어서야 주변의 아이들이, 또 그들이 살아가야 할 세상이 가슴 아프게 보이는 경험을 하게 되었고, 그 긍휼의 마음이 나를 지배하니 남편과의 관계도, 그리고 무엇보다 내 안의 나와의 관계가 회복되었으며, 바로 그때! 더욱 선명해지는 예수님의 모습이 보이기 시작한 것이다.

"인자가 온 것은 섬김을 받으려 함이 아니라 도리어 섬기려 하고 자기 목숨을 많은 사람의 대속물로 주려 함이니라" (막 10:45).

이 말씀을 깨닫고 나니, 나는 새로운 결단을 하지 않을 수 없었다. 킹덤 패밀리의 주역으로서 가정 사역은 물론이거니와 '학업'을 위해 이 낯선 미국 땅에 온 나와 닮은꼴인 유학생들을, 하나님 나라의 백성이 되도록 품고 섬기겠다는 결단이었다.

새로운 부르심

그렇게 그 소망을 향해 딱 한 걸음을 떼자, 하나님은 나에게 다시 '선택'을 요구하셨다. 경력 단절을 각오하고 남편과 함께 유학의 길을 결정했던 건, 하나님이 주신 가정을 물리적으로나마 지키기 위함이었다. 그런데 학업이 여전히 남은 남편을 두고, 더욱이 3년의 공백기를 보낸 나를 하나님은 다시 '교수'라는 타이틀로 부르셨다(사실, 교수가 되기 위해서는 해당 분야의 교수 공고를 부단히도 탐색하여야 하고, A4 박스 반 이상을 채우고도 남을 실적을 서류로 정리해 해당 학교에 보내는 과정에서부터 네다섯 차례의 전공 평가, 공개 강의, 면접을 몇 번 거쳐야 한다. 그러니 이건 스스로 의지가 없이는 결코 불가능하다. 그럼에도 나는 내 의지가 아니었음을 고백한다). 쥐지 않으려 했음에도 그렇게 주어졌던 자리, 그렇게도 가지기를 소망했던 시간에는 침묵하기만 하셨던 하나님께서 하필이면 그때, 새 소망이 생긴 나를 보내겠다 하셨다.

아직 박사 공부가 끝나지 않은 남편을 미국에 둔 채, 원불교 재단의 교수로 임용되어 낯선 지역에 처음 왔을 때, 세상

것들로는 붙잡을 것 하나 없었던 까닭에 나는 하나님만 의지했다. 지금 생각해 보면 이 마음이 참으로 은혜였다. 그런 나에게 하나님께서는 교회 성장 프로그램이었던 '일대일제자양육 훈련'을 통하여 같은 대학에서 기독교 캠퍼스 사역을 하시는 장로님 내외분과 교제하게 하셨고, '어? 성경이 읽어지네' 전문 강사 교육을 통하여 말씀을 가르치는 전문 강사가 될 수 있도록 인도하셨으니 말이다. 가정 사역의 중요성을 일깨우심으로 내 가치관을 변화시키시고, 이후 캠퍼스 사역의 사명을 품게 하셨음을 확신했지만, 그럼에도 아니 그렇기에 나는 귀국하여서 내내 혼란스러웠다. 더욱이 갑자기 아빠와 떨어지게 된 자그마한 아이, 태어난 지 고작 30개월도 되지 않은 우리 지우가 불안해했다. 모태신앙이 아니었던 나는, 하나님을 알아 가며 그분을 '아빠 아버지'라 감히! 그리고 마구! 부르며, 주님 아는 남편을 만나 내가 꾸릴 가정이 하나님 안에서 세워지는 것이 참 감사했다. 그리고 내 아이는 자라며 내내 하나님을 '아버지'라 부르며 기도할 수 있다는 사실에 벅찼다.

그런 나의 아이가 불안해했다. 그랬기에 무엇보다 지우를 주님께 맡겨야만 했다. 주일이면 나는 어김없이 아이의 손을 잡고 교회에 나갔다. 엄마와 떨어짐을 불안해했던 아이를 유아부에 넣어 놓고 돌아설 수 없어 나는 첫해를 꼬박 아이와 함께 유아부에서 먼저 주일예배를 드렸다. 해맑던 아이가 불안해하는 모습을 보는 것이 너무 어려워 참으로 많은 눈물의 기도를, 무릎으로 나아가며 가슴 치는 기도를 했었다. 그리고 놀랍도록 빠르고 확실하게 하나님께서는 내 기도에 응답해 주셨다! 유아부에서 아이와 함께 예배를 드린 덕분에, 아이를 위해 '지혜로운 엄마표 말씀 교사'가 될 수 있었던 것이다. 유아부에서 전도사님이 설교해 주신 말씀을 한 주 동안 가정에서 아이에게 다양한 놀이 방법을 동원해 가르쳐 줄 수 있었고, 그때마다 아이와 받은 느낌을 자연스레 나눌 수도 있었으며, 또 그 말씀으로 잠자리 기도를 해 주니 아이는 편하게 단잠을 잘 수 있었다. 그때 몇 가지 깨달음을 얻었다. 엄마가 먼저 성경을 가까이하면 아이는 반드시 궁금해한다는 것, 엄마가 먼저 말씀을 암송하면 아이는 반드시 그 말씀을 기억하고 싶어 한다는 것, 그리고 기도하며 잠자리에 드는 아이는 자기에게 긴급한 순간이 닥치면 반드시 두 손을 모은다는 것을 말이다.

엄마표 말씀 교사, 다음 세대를 품다

이후 나는 자연스럽게 주일학교 교사가 되었다. 그리고 대전으로 이사해 새로남교회를 출석하게 되었다. 새로남교회를 만나게 하신 것도 중요한 하나님의 계획이셨음을 믿어 의심치 않는다. 대전에서 계약한 첫 집주인이 새로남교회의 신실한 집사님 내외분이셨으니 말이다. 이후, 지우를 새로남기독초등학교에 입학시켰다. 지금 이 아이는 훌쩍 자라 7학년이 되었다. 많은 사람들이 공교육이 아닌 기독 학교를 선택하는 나에게 우려의 목소리를 냈었다. 그러나 나에게는 확신이 있었다. 자녀의 신앙 교육은 가정과 교회가, 그리고 더 나아가서는 학교까지 하나의 가치관으로 함께할 때 견고하게 이루어진다는 사실을 말이다.

그렇게 나는 조금씩 교회를 통해 안정되어 가고 있었다. 그럼에도 대학 캠퍼스에서는 다른 가치를 가진 분들로부터 적지 않은 공격을 당했고, 부총장에게 두 차례 불려 가는 일도 경험해야 했다. 실제로 나는 이즈음 사직서를 매일 들고 다녔었다. 감사하게도 결국 모든 일들이 합력하여 선을 이루듯 해결되었지만, 악한 상황 가운데서 '비둘기처럼 순결하고 뱀처럼 지혜롭게'가 얼마나 어려운 일인지 경험할 수 있었다.

그렇게 한참 학교에 출근하는 일이 버거울 때, 그리고 '왜 나에게 다음 세대를 품게 하셨지?' 의심하고 있을 때, 2019년 새해 특별집회 연사로 하형록 목사님이 새로남교회에 오셨다. 그분은 미국에서 내가 출석한 교회 부흥 집회에 초청받아 오신 적이 있으셨고, 지인이 그분 회사에 입사한 지 오래지 않았던 즈음이라 내게는 의미가 남다른 분이었다. 마침 남편이 그분의 책《P31: 성경대로 비지니스하기》(두란노)를 나에게 선물하기도 하였더랬다. 이런 것이 하나님의 타이밍이었을까? 나는 하 목사님의 세 번째 설교에서 하나님께 두 번째 한 대를, 아주 세게 맞았다.

"내 주여 내가 주께 은혜를 입었사오면(If I found favor in your eyes, Lord), 원하건대 종을 떠나 지나가지 마시옵고"(창 18:3).

창세기 18장을 보면, 아브라함은 주께 은혜를 입었기 때문에, 주님의 발을 씻어 드리고 떡을 가져와 주님의 마음을 상쾌하게 해 드리고 싶다고 청하고 있다. 마므레 상수리 수풀 근처에 오신 세 분은 여호와 하나님과 두 천사였음을 본문을 통해 알 수 있다(창 18:1, 13, 22; 19:1). 모든 것이 주님의 은혜이기에, 내가 할 수 있는 것으로써 그분을 기쁘시게 하고, 내가 가진 것을 그분을 위해 기꺼이 내어 드리겠다고 고백하는 아브라함의 모습과 하형록 목사님의 간증에, 나는 한없이 부끄러움을 느꼈다. 하나님께서는 내 삶의 고난 가운데 찾아오셔서 친히 나를 불러 주셨고, 감사와 기쁨 속에 예수 그리스도를 아는 일을 사모하게 하셨으며, 겸손한 가운데 그분 안에서 배우자를 만나 믿음의 가정을 이루도록 허락하셨다. 또, 가치관의 혼란과 재정의 어려움 가운데에서도 킹덤 패밀리의 주역인 왕의 신부라는 소망을 품게 하셨으며, 그럼에도 내 은사라 믿었던 연구와 교육의 자리에 나를 다시 불러 주시어 최고의 비전으로 다음 세대까지 품게 하셨다. 온통 그분이 내 삶에 부어 주신 놀라운 은혜들뿐이다. 그럼에도, 나는 여전히 젖먹이 아이처럼 감사만 고백할 뿐, 그 어떤 섬김도, 그분을 기쁘시게 하기 위한 그 어떤 수고도, 심지어 비전을 품었음에도 그 어떤 구체적인 사역도 하고 있지 않았다. 내 '열심'이 어디를 향하고 있는지 알 수 없었다. 오히려 나는 한국에 돌아와 줄곧 내 공부에만 전념하면 되던 이전과 비교하며, 한 아이의 엄마로서 내 커리어를 계속 이어 가는 것이 얼마나 어려운지에만 집중하고 있었다.

그날 밤 나는 이 본문들을 더 묵상하다가, 이어지는 본문에 가슴이 더욱 뜨거워지는 것을 경험하게 되었다. 아브라함은 손님을 융숭히 대접한 후 그들을 배웅하면서 하나님께 '크고 강한 나라를 이루고, 땅 위에 있는 나라마다 그로 말미암아 복을 받게 되리라'는 약속을 다시 한 번 받게 된다(창 18:1). 이후 하나님께서는 아브라함을 선택하신 까닭을 밝히시는데, 사실 우리는 이때 아브라함이 하나님의 약속을 믿었기 때문에 하나님께서 아브라함의 그런 믿음을 의로 여기셨다는 말씀(창 15:6)을 먼저 기억하곤 한다. 그러나 이어지는 본문에서는 '그가 자식과 자손으로 하여금 하나님께 순종하고 옳고 바른 일을 하도록 가르칠 것'을 말씀하신다(창 18:19). 나는 분명, 나의 아이뿐 아니라 '다음 세대를 품으라' 하신 주님의 부르심에 '아멘' 하였었다. 교사의 모델이신 예수님을 따라 "사람을 낚는 어부가 되게 하리라" 하신 그 말씀을 이루어 갈 것을 꿈꾸었었다. '하나님의 가치'를 아는 것이 '교사'의 가장 중요한 덕목이라고 믿어, 그분을 아는 것에서부터 출발했었다.

"믿음은 들음에서 나며 들음은 그리스도의 말씀으로 말미암았느니라"(롬 10:17).

"예수께서 이르시되 내가 곧 길이요 진리요 생명이니 나로 말미암지 않고는 아버지께로 올 자가 없느니라"(요 14:6).

그분을 온전히 이해하게 될 때, 그분 앞에 엎드리지 않을 수 없고, 그분 닮은 삶을 살아내기 위해서라면 내게 중요한 것조차 기쁘게 내어 드리게 되리라 믿어 의심치 않았다.

"우리 중에 누구든지 자기를 위하여 사는 자가 없고 자기를 위하여 죽는 자도 없도다. 우리가 살아도 주를 위하여 살고 죽어도 주를 위하여 죽나니 그러므로 사나 죽으나 우리가 주의 것이로다"(롬 14:7-8).

그러나 '바쁨'을 핑계 대며, 또 일상의 소용돌이 속에서 '내 사정'에만 집중하며 그 처음 사랑을 잠시 잊고 있었다! 나는 분명 그랬다! 그날 밤, 아이를 재운 후 얼마나 오랫동안 눈물의 골방기도를 이어 갔는지 모른다.

그리고 며칠이나 지났을까? 우리 학과 졸업생이 연구실에 찾아왔다. 그 학생은 우리 대학 기독교 동아리인 ESF의 간사로 일하게 되었다면서, 올해부터는 동아리 지도교수가 되어 달라고 부탁했다. 아무래도 원불교 재단 대학이다 보니, 그리스도인 교수라도 이를 분명히 드러내는 서류에 선뜻 서명하지 않으려 했던 모양이다. 나는 이 작은 일에서부터 '복음'을 '자랑스럽게' 여기기로 했다.

"내가 복음을 부끄러워하지 아니하노니 이 복음은 모든 믿는 자에게 구원을 주시는 하나님의 능력이 됨이라"(롬 1:16).

제자 되기, 그리고 제자 삼기

어렵사리 시간을 쪼개며 퇴근 이후 시간을 활용하여 공부했던 '어? 성경이 읽어지네' 전문 강사 과정에서 우수상을 수상하며 수료하는 기쁨을 누렸다. 학교에서 교육하고 연구하는 업무만으로도 벅찬 일상임을 고백하지 않을 수 없다. 그럼에도 모태신앙이 아닌 나는, 늘 말씀을 더 잘 알아 그분을 더 잘 이해하고 싶었다. 그 '열심'을 주신 것도 감사, 또 그 말씀을 잘 이해할 수 있는 '지혜'를 주신 것도 감사하지 않을 수 없어, 그해 동아리 간사들과 성경공부를 시작하였다. 나는 이들과 같은 '청년의 때'에 하나님을 알지 못해 세상의 명예를 좇았었다. 그 목표를 위해 때로는 타협하기도 했고, 다른 유익을 누리기를 소망했었다. 그러나 이들은 찬양 "청년의 기도" 가사처럼 "진리의 길을 걷는 거룩한 예수의 청년" 되기를, "주 영광 위해 사는 청년" 되기를, 그렇게 "예수님 닮아 가는 청년" 되기를 기도하고 있었다. 이런 청년들과 이들의 청년 시절에 내가 함께인 것이 그저 감사하며, 나는 그들이 더욱 하나님을 예배하고 복음을 전하는 삶을 살아갈 수 있기를 기도할 뿐이다!

나는 이 성경방을 시작으로 우리 대학 소재 지역의 '어? 성경이 읽어지네'의 다음 세대 YRG(young remnant generation)를 담당하는 사역장을 맡아 5년간 활동하였고, 현재는 본부 소속의 YRG 성경방 디렉터로 섬기고 있다. 특별히 내가 만난 다음 세대들은 하나님의 창조 사역에 대해 물음표가 많았다. 나는 그들을 더욱 구체적으로 돕고 싶어, 올해는 대전 창조과학회에서 기본 과정 및 심화 과정을 수료하였으며, 현재는 강사 과정 중이다.

그 가운데, 새로남교회의 여러 성장 프로그램들을 통하여 그야말로 더욱 신앙이 성장하고, 다락방에서는 주 안에서 교제하는 기쁨을 풍성히 누리게 되었으며, 2021년과 2023년에는 '그분의 열한 제자들처럼 이 시대의 사도'가 되고 싶어 제자훈련을, 그리고 사역훈련을 감당하였다. '감당했다'는 표현이 이렇게 찰떡일 수가 없다. 훈련의 모든 과정에 나는 늘 부족했을 것이다. 그저 그분을 생각하며 '그분의 그 길'을 내 일상에서 걸어 보려 했으며, '그분의 그 마음'에 조금이라도 닿고 싶어 내 시간들을 내어 드린 것이었다. 누군가는 훈련을 받아도 나아진 것 많지 않은 내 삶을 평가절하할지도 모르겠다. 그러나 내가 정말 그분으로 회심했기에, 비록 일상 가운데 셀 수 없이 넘어지지만 그분 따르는 그 길을 한 번쯤은 '정말 열심으로' 감당하고 싶었다. 많은 믿는 자들의 롤모델인 바울은 예수님을 따르는 자들을 잡아 옥에 가두는 일에 앞장선, 그 시대 대표적인 바리새인이었으며, 지식인이었으며, 소위 가진 자였다. 여느 때와 같이 예수님 따르는 자들을 잡기 위해 다메섹으로 가던 그 길에서 예수님은 그를 만나 주셨다. 그때 바울은 아주 극적으로 회심하게 되는데, 그럼에도 그는 우리가 잘 아는 그 놀라운 사역을 준비하는 데 무려 십여 년이 넘는 시간을(행 9:26-31, 갈 1:13-2:1) 보내는 것을 볼 수 있다. 사람마다 그 시간도, 또 하나님께서 허락하시는 역할도 모두 다를 것이다. 아직은 너무나도 미약하지만, 원불교 재단 대학 아래에서, 더 나아가 악한 가치관인 동성애 옹호 법안이 발의되려 하고, 진화론적 세계관이 난무하는 이 세대 가운데에서 하나님을 선포하며, 담대히 그분을 증거하며, 내 삶의 모습을 '예수님 그분처럼!'이라는 결단으로 날마다 내가 먼저 그분의 '제자 되기'를, 그리고 더 나아가 단 한 영혼이라도 '제자 삼기'를 소망하며 '할렐루야 아멘'을 외친다.

내가 어떻게, 그분이 부르신 뜻을 감히 다 알 수 있을까? 나는 그저, 내 소소한 일상 속에서 그분의 신실하심을 앎으로 그분을 예배하고 찬양한다. 그리고 내가 주께 은혜를 입었사오니(If I found favor in your eyes), 나를 향한 주의 계획에 알맞게 나의 지경을 넓혀 주시고, 내가 주님을 사랑함으로 이 세대 가운데 거룩함을 분별하며, 오직 여호와의 도를 지켜 의와 공도를 행하게 하는 일에 쓰임 받게 해 달라고 오늘도 기도할 뿐이다.

가장 좋은 길로, 가장 완전한 길로 나를 이끌어 주시옵소서! 아멘.

17.

학교, 가정, 교회에서
한결같을 수 있다면

그 후에 내가 내 영을 만민에게 부어 주리니 너희 자녀
들이 장래 일을 말할 것이며 너희 늙은이는 꿈을 꾸며
너희 젊은이는 이상을 볼 것이며_요엘 2:28.

이용상 우송대학교 산학협력부총장

일본 쓰쿠바대학교에서 정책학 박사를 받았다. 한국교통연구원, 한국철도기술
연구원에서 근무하였으며 한국철도학회장을 역임하였다. 현재 우송대학교 철
도경영학과에서 학생들을 가르치고 있으며 한국철도문화재단 이사장으로 활
동하고 있다. 선교사의 이동에 관심이 있어 《내한 선교사 사전》(한국기독교역사
연구소) 집필에 참여했으며 《한국 철도의 역사와 발전》(BG북갤러리) 등을 출간
하였다. 동아시아의 비교철도사에 관심을 가지고 연구를 계속하고 있다.

학교, 가정, 교회에서 한결같은 교육자

내가 하나님을 지·정·의 전 인격적으로 만나기 전 내 삶의 주인은 자신이었다. 아무런 고민 없이 세상의 가치관인 명예와 목표 달성을 그대로 따라갔다. 일 중심인 삶과 교회 생활은 각각 분리되어 있었다. 그러나 하나님은 이런 나를 그대로 두지 않으셨다. 2007년 서울의 연구소에서 근무하던 나를 하나님은 대전의 우송대학교로 이직하게 하셨고 새로남교회에 정착하게 하셨다. 이때부터 하나님과 동행하는 드라마틱한 감사의 여정이 시작된다.

새로남교회에 와서 좋은 다락방 식구들을 만나고 이어서 제자훈련과 사역훈련을 받았다. 평생의 멘토 오정호 담임목사님이 삶으로 신앙을 실천하는 모습을 보며, 주님의 제자가 무엇이며, 섬김이 무엇인지를 배웠다. 이어 교회 집사님의 권유로 2009년 대전아버지학교 33기를 수료하게 되었다. 그리고 그 은혜로 아내와 부부학교 2기를 수료하였다. 이때의 감동은 지금도 잊을 수 없다. 세상의 가치관을 따르던 내가 좋은 아버지가 되고 싶은 마음으로 아버지학교에 들어갔는데 첫날 진행자의 이야기를 듣고 무릎을 꿇게 되었다. "오늘도 자녀들이 당신의 모습을 따라하고 있습니다. 좋은 아버지가 되고 싶으면 생각과 행동으로 자녀들의 본이 되십시오. 모든 것이 당신에게 달려 있습니다." 지금으로부터 15년 전의 일이지만 그 후 나의 삶은 조금씩 변해 가기 시작하였다. 그것이 감사해 아버지학교를 떠나지 않고 함께 섬기고 있다.

나의 인생 후반전에 일어난 변화는 새로남교회 제자훈련과 아버지학교를 만나면서 시작된 것이다. 이때부터 가정과 교회, 직장에서 균형 잡힌 삶을 살고자 하였다. 나는 교육자로서 학교, 가정, 교회에서의 모습이 같아야 한다고 생각했다.

가정이 변하다

세상을 변화시키고 싶다면 가정으로 돌아가서 가족을 사랑하라는 마더 테레사 수녀의 말처럼 가정을 사랑하는 것이 가장 중요하다고 생각하였다. 아빠가 엄마를 사랑하는 모습에서 자녀는 아빠를 존경하고 세상을 살아가는 힘과 지혜를 얻는다. 이러한 평범한 진리를 깨닫는 데 많은 시간이 걸렸다. 이를 깨닫고 실천할 수 있어 참 감사하다.

자녀들이 자라면서 부족하지만 자녀와 함께하고 싶었다. 늘 공부하라고 말하기보다는 내가 공부하는 모습을 보여야 한다고 생각했다. 그래서 딸 서윤이, 아들 윤석이와 함께 토플, 일본어능력시험을 준비하였다. 서로 경쟁하면서 점수를 공개하고 어떤 때는 내기를 하기도 했다. 함께 웃고 서로를 격려한 추억이 되었다.

지금도 자녀들에게 감사한 기억이 있다. 내가 영국 국비 유학생 영어시험에 떨어졌을 때 딸 서윤이는 출근하는 아빠의 호주머니에 작은 손 편지를 넣어 주었다. 편지에는 이렇게 적혀 있었다. "포기는 배추를 셀 때 쓰는 말입니다." 지금도 이때를 생각하면 빙그레 웃음이 지어진다.

일본과 영국 유학 시절 우리는 매년 방학 때마다 함께 가족여행을 떠났다. 서로 못다 한 이야기와 미래의 꿈을 나누는 정말 재미있는 시기였다. 그때로부터 시작된 가족여행은 지금까지 매년 계속되어 추억과 감사로 자리매김하고 있다.

작년에 결혼한 딸 서윤에게 결혼 전날 다음과 같은 편지를 주었다.

"우리 서윤이는 아빠에게는 든든한 친구이고 우리 가족의 장녀로 잘 자라 주어 감사하다. 서윤이가 교회에서 유아세례를 받을 때 아빠와 엄마는 서윤이를 평생 주님의 사람으로 잘 키우겠다고 하나님께 약속했다. 그 마음으로 지금까지 살아왔어. 우리 마음보다 우리 딸이 더 잘 자라 주고, 더 믿음이 좋아져서 감사하고 고맙다. 아빠도 가정의 제사장으로 엄마와 자녀들에게 존경받는 아빠가 되기 위해 노력하고 있는데 가끔은 아직 멀었다는 생각이 많이 든다. 아빠도 인생의 후반전을 잘 마무리하려고 해. 이제 좋은 믿음의 남편을 만나서 믿음의 세대 계승을 이루어 주어 참 감사하다. 가정의

제사장인 남편을 사랑하고 하나님이 기뻐하시는 삶을 평생 살아
주기 바란다.”

사위에게는 우리 가족의 일원인 된 것에 감사하며 그동안
의 삶의 여정을 기록한 사진과 문집을 주면서 우리 집 가훈
인 '항상 주님과 삶에 감사하고 남을 배려하고 축복한다'를
편지에 적어 건넸다. 다행히 사위는 결혼 전에 아버지학교와
예비부부학교를 수료하고 결혼에 대한 마음가짐을 철저히
해 주었다.

직장에서의 삶이 변하다

어려서부터 나는 선생님이 되고 싶었다. 초등학교 시
절 만난 선생님들은 나의 모델이었고 아버지와 어머니 모두
교직에 계셔서 자연스럽게 영향을 받은 것 같다.

좋은 선생님이 되어 다음 세대에게 꿈을 주고 싶었다. 해
외에서 전공을 공부하고 경기도 의왕의 철도기술연구원에서
10년의 경력을 쌓아 대전의 우송대학교 철도물류대학으로
자리를 옮기게 되었다. 내 전공은 교통학으로, 철도를 중심으
로 연구하고 있다. 나는 대학으로 올 때 두 가지 목표를 세웠
다. 전문성을 키워 학문적으로 최고의 성과를 내고, 학생들을

잘 키워 그들의 꿈을 응원하고 싶었다. 어느덧 시간이 흘러 대학에서 지낸 생활이 17년이 되었다. 그동안 게으르기도 했지만 틈틈이 책을 집필하고, 10년 동안 여름방학마다 학생들과 해외철도여행을 함께한 것이 큰 보람이다. 이를 기록으로 남겨《청춘과 철도》라는 작은 책을 출간하기도 하였다.

남들과 같은 평범한 대학교수 생활을 하다 3년 전에 선교 관련 공부를 시작하면서 직장이 나의 선교지이며, 대학도 하나님의 주권과 영역 하에 있음을 깨닫고 직장이 새롭게 다가왔다. 회심한 증거로 믿음과 실천, 기독교적 세계관을 견지해야 한다고 생각하며 직장에서 행동하는 삶을 살려고 노력하고 있다. 하나님을 믿는 교수님들과 선교단체, 그리고 학생들과의 만남이 참 감사하다. 그리고 4년 전에 우리 대학으로 오신 새로남교회 장로 오덕성 총장님과 만나게 된 것도 참 감사하다. 몇 년 전 아내가 많이 아플 때 총장님이 도와주신 인연도 있었는데 같은 대학에서 함께 봉사할 수 있어 기쁘다.

교육자의 세계관이 변하다

세계관은 생각하고 판단하고 행동하는 준거가 된다. 이제 나는 세상이 하나님의 영역이며 그분의 주권 하에 있다고 믿으며 살아간다. 영국에서 공부할 때 독일에서 온 선교단체와 함

께 성경공부하고 전도하였는데 그들은 마태복음 16장 16절
인 "주는 그리스도시요 살아 계신 하나님"이라는 복음의 말
씀으로 나에게 큰 도전을 주었다.

또한 일본에서 우리 가족이 다닌 쓰치우라 메구미교회의
세노 목사님과 성도들은 내 삶의 준거를 바꾸는 모델이 되었
다. 그곳은 전체 인구 중 그리스도인이 1%가 되지 않는, 고유
한 문화와 토속 신앙이 만연하여 영적으로 척박한 땅이다. 그
곳에서 하나님을 믿고 신앙을 고백하며 살아가는 것은 많은
불이익을 감수해야 하는 어려운 일인데도 그들은 하나님을
찬양하며 묵묵히 그리고 겸손하게 신앙생활을 하고 있다.

아내는 늘 내가 이들의 모습을 통해 신앙이 깊어졌다고
이야기한다. 그 교회 목사님, 성도들과의 교제는 30년째 이어
져 메구미교회에서 새로남교회로 파송한 아라이 선교사님을
통해 사역이 연결되는 축복을 받았다.

감사한 삶

이제 시간이 훌쩍 흘러 64세가 되었다. 그동안을 돌
아보면 참 감사한 일들이 많이 있다. 첫 번째 감사는 하나님
이 나를 찾아 주시고 인도해 주신 것이다. 대학원 진학의 고
비, 일본 유학 시절의 교통사고, 아내의 갑작스런 입원 등 어

려운 고비와 시험마다 늘 하나님은 함께해 주셨다. 그리고 좋은 멘토이신 오정호 목사님, 일본의 세노 목사님, 좋은 교회와 직장을 만난 것 모두 감사 제목이다. 나는 아침에 일어나면 늘 감사 기도로 하루를 시작한다. 감사하며 남을 배려하고 축복하는 오늘이 되게 해 달라고 늘 기도한다.

두 번째로 감사한 것은 좋은 부모님과 아내를 만난 것이다. 아버지는 내게 엄격하고 바른길을 보여 주셨고 노년 시절에 하나님을 믿어 감사하게 천국을 소망하는 기도를 드리며 하늘나라로 가셨다. 마지막까지 의연하게 우리를 축복하신 모습을 나는 꼭 닮아 가고 싶다. 어머니는 북한 의주에서 초등학교 시절부터 신앙을 가지셨다. 하나님을 믿는다는 고백 때문에 중학교 입시에서 떨어지고 그 후 신앙을 찾아 남쪽으로 오셔서 평생 바른 신앙을 가진 교육자로 살아오셨다. 지금도 늘 기도하며 교회를 위해 헌신하고 계신다. 내 인생 최고의 선물은 아내 최영수 집사를 만난 것이다. 부족한 나를 늘 격려하고 세심하게 배려해 주는 아내가 참 감사하다. 나이가 들수록 아내는 더 현명해지고 신앙적으로 더 성숙해져서 나의 귀중한 신앙의 동료가 되었다.

하나님의 계획을 기대하며

이제 인생의 후반이 지나 종반에 이르고 있다. 인생이 마무리되는 순간까지 하나님이 나를 어떻게 인도하실지 기대된다. 요엘 2장 28절 "너희 자녀들이 장래 일을 말할 것이며 너희 늙은이는 꿈을 꾸며 너희 젊은이는 이상을 볼 것"이라는 말씀이 다가온다.

나머지 인생에서 하나님이 나를 어떻게 사용하실까. 큰딸 서윤이는 결혼하여 잘 독립해 있고, 아들 윤석이도 공부를 마치는 시기이다. 아내와 함께하는 선교학 공부가 앞으로 어떻게 사용될지 기도하면서 하나님의 인도하심을 기다린다. 나이 들면 교회와 하나님과 가족과 더 가까워져야 한다는 생각이 든다. "늘 마지막이 아름다워야 한다"(Finishing well)는 오정호 목사님의 말씀도 늘 기억한다.

오늘도 학교에서 열심히 생활하며 나의 마지막 시기를 기대감으로 그려 본다.

18

주님이 허락하신
가르치는 직분의 은혜

사람이 마음으로 자기의 길을 계획할지라도 그의 걸음
을 인도하시는 이는 여호와시니라_잠언 16:9.

오덕성 우송대학교 총장

독일 하노버대학교에서 공학 박사, 미국 블룸필드대학교에서 인문학 박사(명
예)를 받았다. 충남대학교 교수로 40년 근무하다 2020년 충남대학교 총장직
에서 정년퇴직한 후 2021년 우송대학교 총장으로 취임하여 재직 중이다. 행
복도시건설추진위원장, 유네스코 고위정책자문위원(High-panel), 세계과학도
시연합(WTA) 사무총장 등 국내외 도시계획 프로젝트에 참여하였다. 국공립
대학총장협의회 회장, 대전세종충남지역 총장협의회 회장 등 대학협의체 리
더로서 협력하면서 고등교육의 발전을 위해 노력하고 있다. 특히 기독 교수로
서 캠퍼스의 복음화를 위해 기도하면서 대학생들의 창의적 역량, 기독인성 함
양에 관심을 기울이고 있다. 주요 저서로는 *SMART CITY 2.0*(World Scientific),
Technopolis(Springer), 《탄소중립 도시계획》(공저, 기문당) 등이 있으며 100여 편
의 논문을 게재하였다.

주님이 허락하신 가르치는 직분의 은혜

나는 교회를 통한 만남의 축복을 받은 것이 확실하다. 고등부 시절, 친구들과 성경공부와 기도 모임을 함께하는 과정에서 자연스럽게 구원의 확신을 갖게 되었다. 갈급한 어린 마음에 구원받은 하나님의 백성으로 살 수 있게 해 달라는 기도제목으로 매주 모여 기도하였다. 간절한 소원을 담아 철야기도를 한 기억도 있다. 당시는 야간 통행금지가 시행되던 시절이기에 밤 12시부터 새벽 4시까지 교회 강단 밑에서 밤을 지새며 선택받은 하나님 백성답게 살아갈 수 있도록 인도해 달라고 기도했고, 이 기도제목은 하나님을 섬기는 신앙생활에서 계속되었으니 이제 반세기 이상이 경과한 것이다.

43년 전, 충남대학교 교수로 발령받아 대전에 첫 발걸음을 내딛은 이후, 독일에서 유학하던 3년 반, 그리고 교환교수로 영국, 독일에 머물던 2년 반을 제외하곤 이곳에서 꾸준히 신앙생활을 하며 교수로서 삶을 이루어 나갈 수 있었다. 낯선 지역에 자리 잡아 아는 사람도 없었지만 교회를 중심으로 적응하며 정착하였고 40여 년이 지난 지금, 나에게는 느릿느릿한 말투와 충청도 사투리가 배어 있다.

나는 대학 시절부터 두 가지 기도제목을 정하고 기도하였다. '신앙 안에서 배우자를 만나 가정을 꾸리고 믿음을 지키는 것'과 '믿는 자로서 신앙생활과 병행할 수 있는 직업'을 제목으로 기도하였는데, 그 직업이 '가르치는 교수'임이 새삼 감사할 따름이다. 교수, 대학 총장, 국제기구 전문가 등으로서 맡은 임무를 수행하고 정년퇴직한 이후, 우송대학교로 옮겨 총장으로 봉직하는 지금까지의 삶을 곰곰이 생각해 보면 인생의 3분의 2 이상을 교육자로 보내고, 기독 교수로서 맡은 직분을 감당할 수 있었음에 참 감사할 뿐이다. 이 글을 준비하면서 지난 시간을 반추해 보니 대략 3개의 시기로 나눌 수 있었다. 기독 교수로서 준비된 청년기(1기), 훈련받고 선한 청지기로서 직분을 감당했던 중년기(2기), 대학 총장과 글로벌 기독 리더로서 섬겼던 장년기(3기)로 나누어 '주님이 허락하신 가르치는 직분의 은혜'를 써내려 가고자 한다.

청년기(1기): 기독 교수로 준비되다

1981년 충남대학교에 부임하여 자연계 교수요원으로 학생들을 가르치고 박사 과정을 하기 위해 매주 서울에 가야 했던 4년의 시간을 뒤로하고 1985년에 독일로 유학을 떠났다. 당시 중학교 교사였던 아내와 나는 열심히 유학 자금을 준비하였다. 우리는 서울 서대문교회 교인이었기 때문에 대전에 내려와서는 지역 교회에서 주일 저녁예배, 수요예배에 참석하였다. 일종의 손님으로서 교회의 어려운 문제를 놓고 40일 기도를 함께하던 중 내 마음에 두드림이 있어 '주님이 피로 세우신 교회'가 당하는 어려움이 내 일로 느껴져 첫 번째 헌신을 하게 되었다. 유학 계획도 당초 미국에서 독일학술교류처(DAAD) 장학생으로 수정했고, 대학을 선택하는 단계부터 하나님의 이끄심을 경험했다. 독일은 국가장학생 대부분이 공학 분야를 대표하는 아헨(Aachen)공대에서 공부할 수 있도록 배려하였는데, 나는 한국 유학생이 몰려 있는 아헨공대 대신 북쪽에 있는 하노버(Hannover)공대로 대학을 바꾸었다. 하노버에 도착해 보니 그곳에 있는 한인 교회가 약간의 어려움을 겪고 있었고 담임목사님은 한국으로 돌아가려는 결정을 하실 때였다. 독일은 이사를 나가려고 하면 살던 집을 고쳐 놓고 나가야 하기 때문에 목사님은 2주 이상 집을 비울 수밖에 없었다. 당시 교회 중직자들과 다소 불편한 관계였던 목사님을 모시고자 하는 가정이 없어서 독일에 온 지 얼마 되지 않은 우리가 목사님 가족과 함께 좁은 아파트에서 1개월 가까이 생활하였다. 이 과정에서 우리 모습을 지켜본 교회 분들이 느낀 바가 있어서 귀국한 목사님을 다시 초청했다. 목사님은 몇 년을 더 섬기신 후 독일 목회를 잘 마무리하고 돌아가실 수 있게 되었다. 우리 가정도 성도들과 한마음으로 교회를 섬기며 솔선하여 봉사하는 기회를 가졌다.

　시간이 흘러 박사논문을 마무리하느라 정신없는 시기에

주님의 부르심이 있었다. 밥 먹는 시간도 아까울 정도로 주일에 교회에 나가는 시간 말고는 대학 연구실에서 논문을 쓰느라 대부분의 시간을 보내고 있었다. 당시 교회에는 공통의 기도제목이 있었다. 한국말을 전혀 하지 못하는 자녀들과 부모 사이에서 빚어지는 신앙적인 갈등을 놓고 토요일마다 '청년부의 믿음'을 제목으로 기도회를 하고 있었다. 바쁜 시간이지만 기도회에 빠지지 않고 참여하였는데 기도회를 마무리하던 날 교회의 대표 집사님들이 나에게 일종의 통보를 하셨다. 청년부 지도교사를 물색하고 있었고 교회 외부에선 찾기 어려우니 교회 내에서 지도교사 적임자로 나를 골랐다는 것이다.

시간에 쫓기는 상황에서 그 제안은 매우 부담스러워 서운하기까지 하였다. 직장에 휴직을 내고 독일에 와서 박사학위를 진행하는 상황이므로 시간 제약이 클뿐더러 교포 자녀들에게 독일어로 성경을 설명하며 청년들을 신앙으로 이끄는 일은 큰 부담이 아닐 수 없었다. 그렇지만 40일간 공통 기도제목으로 정하고 기도한 결과라고 하니 따를 수밖에 없었다. 그때부터 1년간 고단한 삶이 시작되었다. 주말에 한글, 독일어, 영어 성경을 펴 놓고 준비하고 기도로 마무리한 후, 주일에 청년들을 앉혀 놓고 한 시간 이상씩 함께 성경공부를 할 때면 매번 실망감에 사로잡혔다. 진화론에 입각한 교육을 받은 그들은 창조를 비롯한 성경의 주요 내용을 믿으려 하지 않았고 그것을 진지하게 설명하고 있는 나를 보며 '한국에서 교수를 했고 이곳에서 공학박사를 한다는 사람이 저렇게 어리석은 말을 하는가?'라는 생각으로 나를 골탕 먹일 준비를 하고 나오는 것 같았다. 성경공부를 진행하면서 실망도 많이 했고 개인 기도의 자리에서 눈물도 흘렸지만 유감스럽게도 한국으로 귀국할 때까지 신앙고백과 구원의 확신을 간증한 청년은 한 명도 없었다. 박사학위 논문 최종 심사를 남겨 놓고 휴직 기간이 종료되어 1988년 8월에 귀국할 때 내 마음은 여러모로 착잡했다. 귀국하여 한 학기 강의를 마치고 1989년 1월 말에 박사학위 심사를 받으러 다시 독일로 가서 주일예배를 드리는데, 그 사이에 놀라운 변화가 있었음을 느꼈다. 그날은 나를 힘들게 하던 청년들뿐만 아니라 그 부모님들이 함께 세례식을 거행하는 날이었다. 그것을 보면서 하나님이 일하고 계심을 실감하였다. 현재 이들 중 몇 명은 의사가 되어 아프리카 의료 선교 현장에 가 있다.

박사논문 심사도 극적이었다. 독일의 경우 두 시간 남짓 학부의 전체 학생을 대상으로 박사논문 특강을 한 후 한 시간 남짓 논문 심사를 한다. 그 후 박사 후보생은 퇴장시키고 그 자리에서 학장을 심사위원장으로 하여 7인의 심사위원이 평정하고 그 결과를 공식적으로 통보하는 과정이 있다. 나의 경우, 심사 결과가 오랜 시간 나오지 않아 논문 심사에서 불합격하는 것 아닌가 생각이 들기까지 하였다. 얼마 후 지도교수님이 엄한 표정으로 나를 부르러 오셔서 마음을 졸였던 것도 사실이다. 심사위원들이 앉아 있는 심사장에서 학장은 "오박사, 축하합니다. 심사 결과 최우수 논문으로 평정하였습니다. 우리 단과대학에서 최초로 최우수 논문을 선정하기 위해 심사위원 전원 합의 과정을 거치느라 시간이 많이 경과했음을 양해해 주십시오"라고 이야기하였다. 그 말을 듣고 점잖게 감사 인사를 하고 나왔어야 했지만 나는 고개를 숙인 후, 바로 심사장을 나와 건물 밖에 있는 공중전화로 뛰어가 아내에게 전화하였다. "여보, 합격했대, 하나님의 은혜가 너무 감사하지!"라는 말을 건네고서 눈물을 참고 전화를 끊었다. 회의실에는 박사학위 취득을 축하해 주기 위해 모인 하노버 교인, 제자 들이 자기 일처럼 기뻐하고 있었다. 곰곰이 생각해 보니 박사학위를 하러 독일에 왔는데 주님께서는 교회를 섬기고 충성하는 일이 삶의 우선순위가 되어야 한다고 깨우쳐 주셨고 나는 청년들을 가르치고 교회로 인도하는 일, 교회 봉사등에 우선순위를 두면서 공부에 최선을 다했다. 아내도 고생이 많았다. 하노버를 방문한 새로운 식구들이 잘 곳이 없으면 우리 집에 와서 며칠씩, 어떤 경우에는 1개월 가까이 머물기도 했다. 물론 우리와 주일 예배에도 함께하였다.

5년 후 연구교수로서 영국 셰필드대학교에 가게 되었을

때도 비슷한 경험을 하였다. 영국문화원(British Council) 초청으로 장학금과 더불어 주택과 연구실을 학교에서 책임져 주는 조건으로 1년간 연구교수로 체류하게 되었다. 그러나 학교 측에서 아무런 연락이 없어서 우리 부부와 세 딸은 '집'과 '교회', 두 가지 문제를 놓고 기도하였다. 런던에 도착해서 하룻밤 영국인 동료 교수 집에서 자고 셰필드로 떠나는 기차 안에서 많이 불안했던 것도 사실이다. 집도 없이 다섯 식구가 어떻게 생활할지 가장으로서 걱정이 많았지만 현지에 도착하니 역시 하나님께서 준비하셨음을 느꼈다. 학교 측에서 두 곳의 집을 찾아 놓았는데 연락이 되지 않아 임의로 한 곳을 결정했다는 것이다. 집에 도착한 바로 다음 날, 교회를 찾아 나섰는데 집 바로 앞에 셰필드에서 가장 보수적인 교회가 있었고 그곳에서 스티브 장로를 비롯한 영국의 보수신앙을 가진 좋은 분들을 만나게 되었다.

우리가 교회에서 첫 예배를 드렸던 그 주일 오후에 마침 현지 유학생들이 모여 한인 교회 설립에 관해 논의하고 있었다. 몇 가지 이유로 그 계획을 접는 쪽으로 의견이 쏠리는 듯하자 나는 "처음 뵙는 자리이지만 한마디 해도 되겠습니까"라고 양해를 구하고 말하기 시작하였다. "교회를 세우는 것은 하나님의 뜻과 계획 아래 있으니 여러분은 그것을 결정할 수 없습니다. 여의치 않으신 분은 참여하지 않아도 되고 저라도 이 일을 감당하겠습니다." 결국은 다섯 가정과 유학생 중심으로 한인 교회가 설립되었고 30년이 지난 현재까지 든든히 유지되고 있다. 나는 교회 업무를 책임져야 하는 입장이 되어 재정관리, 주보를 준비하거나 교회의 다른 일을 하느라 금, 토요일은 다소 바쁘게 보냈다. 영국 체류 기간 중 한국을 다녀올 기회가 있었는데 돌아오는 길에 내 수하물은 찬송가 50권과 성찬기로 꽉 차 중량이 초과되어 우리 식구들이 먹을 김 한 장도 가져오지 못해 가족들에게는 다소 미안한 마음이 있었다. 그렇지만 일 년 동안 셰필드에서 영국 교회와 한국 교회를 함께 섬긴 것은 우리 식구에게 큰 복이었다. 스티브 장로님 가정과는 지금까지도 연락을 하며 좋은 관계를 유지하고 있고, 이러한 일은 셀 수 없이 많은 것 같다.

얼마 전 기독교TV 방송에 출연해 이야기를 나누는 도중에 새삼 깨달은 내용이 있다. 개인적인 목적으로 시작한 일이 진행되고 이루어지는 과정에서 그 일을 향한 좀 더 중요한 하나님의 목적과 뜻을 발견했다는 것이다. '주님의 몸된 교회를 섬기는 일'이 우선되니 내가 세웠던 계획은 하나님께서 보너스로 이루어 주셨다. 쉽게 말하면 나는 박사학위, 연구교수 등 나의 뜻과 목표를 이루기 위해 유학을 추진했지만 하나님께서는 다른 계획이 있으셔서 그 일을 먼저 이루시고, 내가 추진한 개인의 목표를 보너스로 이루어 주신 것이다. 기독 교수로서 열심히 연구하고 제자들과 함께 준비한 시기는 주님이 부족한 자를 부르셔서 믿는 자의 우선순위를 가르치시고 세우시는 시기였다.

중년기(2기): 성실한 청지기로 훈련받다

1994년 영국 생활을 마치고 귀국한 후, 오정호 목사님께서 대전 새로남교회로 부임하셨다는 소식을 들었다. 나는 서대문교회 출신이었고 아내는 내수동교회 출신이었기 때문에 우리는 오 목사님이 부임하신 새로남교회로 옮기게 되었다. 좋은 교회, 그리고 귀한 목회자와 만남의 축복이 이루어졌다. 제자·사역훈련 1기로 신앙생활을 재정비하고 기초부터 점검하는 과정을 거치며 주님의 몸 된 교회를 위해 헌신할 준비를 하게 되었다. 정도 목회의 철학을 가지고 최선을 다해 우리를 이끄시는 목사님을 만나고 이후 제자·사역훈련을 받고, 건축 위원장으로서 헌신하고 이단과 투쟁하는 현장에서 기도하며 목사님과 함께 훈련받은 대로 실천하였다. 장로로서 교회, 사회에서 선한 청지기적 역할을 수행할 수 있는 삶의 기초를 단단히 세우는 시기였다는 생각이 든다.

내 전공 분야는 도시계획으로, 실제 사회에 적용할 수 있는 구체적인 개발전략과 도시설계 방법을 주 연구 분야로 삼고 연구해 왔다. 연구과제와 더불어 실제 도시를 계획하고 개발계획을 세우며 지속 가능하게 발전할 수 있는 모델을 만들어 내는 분야이기 때문에 전문가이자 교수로서 많은 노력과 고민, 그리고 무엇보다 하나님 앞에 기도하며 공의로운 마음으로 작업해야 한다. 이 과정에서 몇 가지 기억나는 일이 있다.

첫 번째로 도시계획위원으로서 마음속에 다음과 같은 문제의식과 일종의 소망을 가졌다. 기독교를 중심으로 발전해 온 서구의 주요 도시를 방문해 보면 도심에 시청 등 공공시설과 도시를 대표하는 교회당이 우뚝 서 있는 것을 볼 수 있다. '둔산 지역에서도 정부청사, 시청이 우뚝 서 있는 그 축상에 교회가 마주 보고 서서 기독 신앙을 지킬 터가 되었으면 좋겠다'라는 꿈을 가졌는데 우리 교회가 그 위치에 지어져 그 소망이 실현되었다는 큰 감사함이 있다.

두 번째는 전문가로서 나 자신의 철학을 끝까지 관철할 필요가 있었는데 이를 통해 쓰임 받았던 일도 기억이 난다. 이곳 둔산에 월드컵 경기장이 지어지는 방안이 검토되던 당시 나는 대전시 도시계획위원이었다. 나는 도시 중심에 공원이 세워져야 한다고 시장님 등 주요 간부에게 몇 번씩 간곡하게 의견을 제시했고 결국 지금 우리 교회 옆에 우리나라를 대표할 수 있는 아름다운 공원이 마련되었다.

세 번째는 대덕테크노밸리의 도시설계를 맡았던 일이다.

본래 공업단지로 추진되었던 지역을 주거, 물류·첨단산업 등 환경친화적인 복합단지로 계획을 변경함으로써 갑천변에 지금과 같은 단지가 마련될 수 있었다. 이 일은 이후 공단 위주의 국내 산업단지가 환경친화적인 복합단지로 개발 방향이 바뀌는 계기가 되었다.

네 번째, 행복도시 건설 등 주요한 신도시 개발에 참여하고 국토교통부장관과 함께 행복도시건설추진 공동위원장을 맡아 계획에 맞게 사업이 집행되도록 조정하는 역할을 감당했다. 당시에는 이것이 유네스코 해외 지원사업에까지 활용되리라 기대하지 못했지만 그 후 유네스코 고위정책자문위원(High-Panel)으로 아프리카, 아랍권, 남미의 과학도시들을 계획하여 지역의 혁신과 발전에 도움을 줄 수 있었다.

도시계획의 실무, 정부 각 부처의 정책 자문을 하는 전문가로, 그리고 제자들과 연구하고 논문을 준비하는 교수라는 두 가지 역할을 병행하다 보니 시간에 쫓기는 경우가 많았다. 그때마다 나를 바로잡아 주었던 것은 우선순위에 두었던 교회의 공예배 참석과 훈련 그리고 봉사 등이다. 신앙과 직업 사이에서 균형을 맞추기 위해 무던히 노력하며 교회에 갈 시간이 되면 하던 일을 멈추고 교회로 달려갔다. 신앙에 우선순위를 두었더니 주님의 도우심으로 교수로서, 또 전문가로서 나름대로 역할을 감당하며 좋은 결실을 이룰 수 있었다. 하나님 백성답게 믿음을 지키는 일에 우선순위를 두자 전공 분야의 연구자, 전문가로서 이루는 성과는 자연스럽게 따라왔고 그것도 주님의 은혜로 풍성한 결실을 거두게 된 것이다.

기독 교수로서 좋은 제자들과 협업하는 만남의 축복을 받았다. 40년 이상 학생을 가르치고 같이 연구과제를 수행하다 보니 16명의 박사를 포함하여 연구실에서 배출한 대학원생은 100명이 넘었고, 국내·외적으로 훌륭한 연구 결과를 내는 등 학문적으로도 풍성하게 마무리가 되었다.

여러 해 전 제자들과 회갑을 기념하는 조그마한 자리를 가졌는데 그때 출판한 회갑 논문의 제목을 "동행, 은혜, 감사"로 지었다. 회갑 논문의 회고글을 적으면서 처음에는 내가 제자들을 가르쳤다는 교만한 생각을 했는데 실제로는 함께 연구하며 노력했던 제자들에게 큰 덕을 입었음을 깨닫게 되었다. 교육과 연구 현장을 함께하는 과정에서 밤새워 가며 논문을 준비하고 연구과제를 마무리하였다. 졸업 후에 교수, 전문가로서 자리잡아 가는 제자들의 모습을 보면서 나에게 가르치는 직분을 주시고 제자들과 함께 풍성한 결실을 이루게 하신 주님의 큰 은혜를 실감하였다.

중년의 시기에 나름대로 신앙생활과 직업활동에서 삶의 우선순위를 지키기 위해 노력하였다. 공예배를 지키고 훈련의 자리에 솔선하며 교회에서 부를 때 언제나 "예, 감당하겠

습니다"라고 응답하고 맡겨진 직분에 충성하도록 애썼다. 어
떤 경우는 다소 건강에 무리가 와서 고생하기도 하였지만 선
한 청지기 의식을 가지고 믿음의 끈을 놓지 않으려고 기도하
며 나아갔던 시기이다.

장년기(3기): 대학 총장과 글로벌 기독 리더로서 섬기다

50대 중반에 접어들면서 기독 교수로서 역할과 활동
범위가 넓어졌다. 이전에도 연구소장, 학부장 등 대학의 보직
을 수행했지만 대학 전체의 경영을 담당하는 책임자로서 부
총장, 총장으로 충남대학교에서 7년간 봉사하였다. 2020년
중반에 정년퇴직하고, 현재도 사립대학인 우송대학교에서 총
장으로 섬기고 있다. 동일한 시기에 유네스코, 세계과학도시
연합(WTA) 등 국제기구에서 전문가로서 개발도상국을 지원
하는 역할을 수행하게 되었다. 이른바 대학의 울타리를 넘어
서 지역사회와 글로벌 현장에서 섬기는 리더로서 역할을 감
당하게 된 것이다.

충남대학교 총장직을 수행할 때도 우선순위를 위해 노력
하였다. 매일 캠퍼스를 내다보면서 기도하고 다니엘처럼 충
성스러운 청지기로 일하게 해 달라는 기도제목으로 대학을

세워 나가며 실제로 삶과 연결되도록 애썼다. 중요한 결정을 내리는 순간마다 '주님이라면 어떻게 하셨을까?' 질문하며 생각을 정리하였다. 총장에 임명되는 주에 목사님에게 "교회 직분, 특히 순장직 수행에 우선순위를 두고 성실하게 임하겠습니다"라는 다짐을 말씀드렸다. 목사님은 "당연하지요"라고 하시면서 총장직을 감당하는 4년 동안 많은 기도를 해 주셨다. 기독 교수회 모임에서도 총장을 위해 합심기도를 하였고, 매주 월요일 점심이면 함께 모여 캠퍼스 복음화를 위해 기도하면서 믿는 총장을 위해서도 빼놓지 않고 중보해 주었다. 임기 3년째가 되던 해 당시 국립대학교에서는 열기 어려웠던 '전국 기독 교수대회'를 충남대학교에서 개최해 3일간 함께 강당에서 예배를 드리고, 감격하며 기도하는 자리를 가졌다. 그 행사를 계기로 현재는 국·공립대학교에서도 전국 기독 교수회 모임을 할 수 있게 되었다.

총장으로서 대학의 중요한 사항을 결정할 때마다 먼저 주님 앞에 나아가 주님이 주시는 지혜를 가지고 바르게 이끌어 나갈 수 있도록 간구했고, 주변 동료들에게도 중보기도를 부탁하였다. 어려움이 있을 때마다 무릎을 꿇는 시간이 많아졌고 총장실 안에 있는 내실에 기도의 자리를 마련하고 매일 시간을 정해 기도하였다. 어려운 문제가 생길 때마다 고맙게도 아내는 묵묵히 슬리핑백을 들고 나가 교회 본당에서 철야기도를 드렸다. 막막한 문제들이 주의 은혜로 풀리는 것을 느낄 수 있었다.

국·공립대학총장협의회 회장을 맡으면서 다른 대학의 총장들과 만나 이야기할 기회가 많았는데 그때마다 그분들이 궁금하게 여긴 것이 있었다. "당신은 교회 장로이니 술도 마시지 않고, 교회에 가느라 저녁 모임도 없는데 어떻게 총장이 되어 대학을 운영할 수 있습니까?" 당시엔 허허 웃으며 "하나님의 인도하심을 따라 성실하게 헌신하고 섬기는 리더십으로 살다 보니 총장이 되었습니다"라고 답변했다. 하나님을 믿는 총장으로서 당연히 해야 할 대답이었고 그 답변은 지금까지 변함없이 현재 진행형이다.

교수 활동과 더불어 20년 이상 해외 봉사활동을 수행했는데 특히, 유네스코 과학기술혁신 고위정책자문위원, 세계과학도시연합 사무총장을 맡으면서 해외의 과학도시 건설, 혁신전략 시행 등을 위해 외국의 전문가들과 협업하는 기회가 있었다. 특히 개발도상국에 자문과 기술지원을 많이 다녔다. 인도네시아, 스리랑카, 파키스탄, 이란, 이집트, 나미비아, 코스타리카, 콜롬비아 등 아시아, 아프리카, 남아메리카 국가에 혁신전략 등을 수립해 주고 운영할 수 있도록 현지 교수와 고위공무원 들을 지도하거나 이끄는 역할을 하게 되었는데 여기에도 하나님의 인도하심이 있었다. 우선순위를 지키기 위해 주일에는 활동을 중단하고 예배에 가게 해 달라고 부탁하여, 현지 교회의 예배에 참석했다. 중국의 삼자교회, 아프리카의 개신교회에서 예배를 드리고 신실하게 섬기는 현지의 기독 교수, 고위공무원 들을 만날 수 있었다. 아울러 그곳 선교사님들을 개별적으로 돕는 기회도 있었는데 대표적으로 우리 교회에서 공연한 케냐의 지라니 합창단 문제를 현지 교육부 차관 등의 도움을 받아 해결한 일이 기억난다. 이란 등 이슬람 지역은 엄한 종교 관리 국가임에도 불구하고 국제기구 고위 전문가들은 별도로 배려해 주었다. 외국 지도자들이 한국에 방문하면 우리 교회의 카페로 초청한 후 자연스럽게 예배 장소를 보여 주면서 그들이 하나님을 만나게 되기를 기도하였는데, 그들 중 교회를 일생 처음 와 본다는 사람도 많았다. 특히 이슬람권의 전문가들 중 자신의 부모 세대가 기독교인임을 간증하는 경우도 상당수 있었다.

기독 리더로서 국경을 넘어 섬길 기회를 가지면서 그 영혼들을 위해 기도하고 있다. 특히 캠퍼스에서 공부하는 해외 유학생들을 위해 매일 기도한다. 하나님을 믿는 그리스도인 총장, 글로벌 리더로서 역할을 수행하며 나 자신을 소개할 때마다 "저는 새로남교회의 장로입니다"라고 정체성을 명시한 후 교회의 명예를 손상치 않도록 공의롭고 바르게 그리고 열심히 일을 감당하기 위하여 노력하였다. 과정마다 이끄시고 도우시는 주님의 동행하심이 있었음을 느낀다. 장년기에 감당하는 섬김의 리더십은 현재까지 진행 중이며 주님 앞에 설 때까지 하나님께 영광을 돌리기 위하여 맡은 직분에 성실하며, 기도와 말씀의 자리를 지키기 위하여 애쓰고 있다.

마무리하며

글을 써 나가면서 주님의 은혜를 새삼 느낀다. 주님은 나에게 가르치는 직분을 은혜로 허락하셨다. 그 사역을 3기로 나누어 정리하니 순간순간 주님의 은혜와 인도가 함께했음을 실감한다. 청년의 시기에 부족한 자를 기독 교수로 준비시키셨고, 중년의 시기에 교회에서 훈련을 받아 기독 교수로서 맡겨진 직분에 따라 열심히 감당하여 제자 양성, 교육, 연구뿐만 아니라 도시계획 전문가로서 풍성한 결실을 맺게 해 주셨다. 장년의 시기에 대학을 경영하는 총장의 직분을 허락하셨으며, 국제기구 전문가로서, 또 지역사회와 글로벌 현장에서 섬기는 기독 리더로서 역할을 감당케 하셨다. 감사한 것은 신앙생활과 교수직을 수행하는 과정에서 삶의 우선순위를 정하고 '하나님 중심, 말씀 중심, 영적 지도자 중심'이라는 원칙을 지키기 위해 노력하였고 주님의 은혜로 그렇게 나아갈 수 있었다는 점이다.

가르치는 직분인 교수라는 직업을 허락하신 주님께서, 부족하지만 공의로운 청지기로서 살아가려고 매일 애쓰는 내 마음의 중심을 불쌍히 여기셨고 나를 친히 인도해 주셨음이 분명했다.

끝으로 하나님 백성다운 바른 삶의 뒷모습을 남김으로써 주님께 영광 드리는 삶을 살아가고 싶다. 내 자녀, 손녀에 이르기까지 신앙의 세대 계승이 이루어지기를 원한다. 많은 제자들을 만나게 해 주셨으니 그 제자들에게 하나님 백성다운 삶의 본을 보임으로써 생활 전도가 이루어지기를 바란다. 믿음 생활에 최선을 다하는 '선한 청지기'로서 살고자 했던 어린 시절의 간절한 마음에서 현재에 이르기까지 내 뒤에는 항상 하나님의 눈길, 선하신 뜻과 계획이 있음을 느낀다. 어린 시절 철야기도 자리에서 '예수님의 핏값으로 사신 몸된 교회'를 위해 충성하며 살게 해 달라는 간절한 기도를 주님께서는 기억하고 계신 것이다. 그런 하나님께 다함이 없는 감사의 찬송을 드린다.

따라 읽는 교육자 기도문 _대학교

대학 교수, 대학생, 학부모를 위해 기도해 주세요.
다음 기도문을 따라 읽으며 기도합니다.

교육자를 위해 기도합니다

자신을 희생하며 대학생들을 사랑하고 돌보는 교수님들
을 모세처럼 강하게 지켜 주세요. 교수님들이 삶으로 대학
생들을 가르치게 도와주세요.

대학생을 위해 기도합니다

미래 세대의 주역인 우리 대학생들이 하나님 나라의 꿈과
비전으로 매일의 삶을 살게 하시고, 이들을 통해 하나님이
원하시는 축복된 나라가 이루어지게 인도해 주세요.

학부모를 위해 기도합니다

우리 부모님들이 자녀들에게 마땅히 가야 할 길을 먼저
가르치게 도와주세요. 부모님의 삶이 자녀들에게 본이 되
게 하시고, 늘 사랑과 격려와 축복으로 자녀를 응원하도록
이끌어 주세요.